As Consciências
Do UNIVERSO

Caio Mirabelli

As Consciências
Do UNIVERSO

DRAGO
EDITORIAL

As Consciências do Universo

Autor: Caio Mirabelli
Revisão: Gustavo Drago
Projeto Gráfico & Diagramação: Gustavo Drago
Editores Responsáveis: Gustavo Drago & Patrícia Drago

Dados de Catalogação

Mirabelli, Caio
As Consciências do Universo/Caio Mirabelli
1ª edição - Rio de Janeiro, RJ - Drago Editorial, 2016.

ISBN: 978-85-69030-24-9

1 - Religião, 2 - Literatura Brasileira

www.dragoeditorial.com
Drago Editorial LTDA
contatos@dragoeditorial.com

Agradeço com todo o meu amor ao ex-secretário de Estado Jecy Sarmento, a oportunidade que me deu de implantar a Conscienciologia na política brasileira;

Agradeço com muito amor à ex-vereadora Terezinha Sarmento por ter dado credibilidade aos meus projetos midiáticos e às minhas atividades na Conscienciologia;

Agradeço à minha avó Suely Mirabelli, todos os carinhos e cuidados que teve durante minha criação nesta atual existência;

Agradeço a Deus por todas as bênçãos exteriorizadas na minha vida;

Agradeço ao Universo por sempre conspirar ao meu favor.

CONSCIÊNCIAS

Consciência:

Consciência é o Ego, Self, Ser, Sujeito, Espírito, Personalidade, Eu, Individualidade, Essência.

Tipos de Consciências:

1) Conscin (Consciência Intrafísica):

É a Consciência que possui 4 corpos, que são o Mentalsoma (Corpo Mental), Psicossoma (Corpo Emocional), Energossoma (Corpo Energético) e Soma (Corpo Físico), e está vivendo, se manifestando e passando por um processo evolutivo dentro da dimensão intrafísica.

Observações:

Exemplos de Consciência Intrafísica: Seres Humanos, animais, insetos, microorganismos e Alienígenas.

2) Consciex (Consciência Extrafísica):

É a Consciência que possui 2 corpos, que são o Mentalsoma (Corpo Mental) e Psicossoma (Corpo Emocional). Seu Energossoma (Corpo Energético) e Soma (Corpo Físico) foram descartados e essa Consciência está vivendo, se manifestando e passando por um processo evolutivo dentro das dimensões extrafísicas.

Observações:

Exemplos de Consciência Extrafísica: Espíritos

Visão Espírita: Espíritos de Luz, Espíritos Obsessores, Fantasmas.

Visão Cristã: Deus, Anjos e Santos.

Visão Politeísta: Os Deuses.

Os veículos de manifestação das Consciências:

Os Veículos de Manifestação das Consciências são Mentalsoma, Psicossoma, Energossoma e Soma.

1) Mentalsoma:

É o corpo mental que dirige a Consciência, é o veículo principal da Consciência. É a sede primordial da Consciência que dá origem aos atributos conscienciais da maturidade, do discernimento, da lucidez, da racionalidade e da holomemória (conjunto de memórias de vidas passadas e da atual vida).

É o corpo que a Consciência utiliza para exteriorizar suas potencialidades e qualidades.

2) Psicossoma:

É o corpo emocional da Consciência que é responsável pelos sentimentos e emoções.

A Consciência utiliza o Psicossoma para exteriorizar seus sentimentos e emoções.

É um veículo de manifestação da Consciência, utilizado tanto na dimensão intrafísica como na dimensão extrafísica.

Culturalmente e religiosamente é chamado de Corpo Astral, Corpo Espiritual, fantasma, Vulto.

3) Energossoma:

É o corpo energético da Consciência que é formado pelo Holochacra (conjunto dos Chacras), energias conscienciais, cordão de prata (é o cordão energético que liga o Psicossoma ao soma da Consciência) e cordão de ouro (é o cordão energético que liga o Mentalsoma ao Psicossoma).

É um veículo de manifestação da Consciência que faz a interface entre os outros corpos da Consciência.

Culturalmente e religiosamente é chamado de Perispírito, Alma.

4) Soma:

É o corpo físico da Consciência que ela utiliza para se manifestar na dimensão intrafísica.

O Soma é descartado quando a Consciência passa pelo processo de dessoma (morte física, descarte do soma, desativação do soma).

Cientificamente é chamado de corpo humano, corpo animal, arcabouço de ossos, corpo denso, estrutura física, constituição física.

Observações:

1) Psicosfera:

Além dos veículos de manifestação, a Consciência também possui a Psicosfera que é o seu campo energético que fica ao redor dela.

2) Chacras:

Os Chacras fazem parte do Energossoma (Corpo Energético) da Consciência e são centros de energias que recebem, armazenam, mobilizam e distribuem energias para todos os veículos de manifestação e para todos os sistema e órgãos do Soma (Corpo Físico).

Caio Mirabelli

Como Surgem os Chacras?

Antes de Renascer (Ressomar/Reencarnar) a Consciex (Consciência Extrafísica) que pretende ressomar se conecta energeticamente com a futura mãe que é uma Conscin (Consciência Intrafísica).

A Partir do momento que o espermatozoide entra no óvulo e ocorre a fecundação, a Consciex entra no feto.

Quando a Consciex está dentro do feto, ela gera energias que ligam seu Psicossoma ao feto, assim nascem os Chacras, e essa Consciex (Consciência Extrafísica) se torna Conscin (Consciência Intrafísica).

O Conjunto de Chacras se chama Holochacra e quando trabalhados de forma correta, saudável e cosmoética, ajuda a prevenir doenças infecciosas, doenças genéticas e outros tipos de enfermidades.

Outros benefícios que se obtém ao trabalhar com o Holochacra é a melhora na qualidade de vida, prolongamento do tempo de vida intrafísica. Promove a disposição para trabalhar, estudar, e se divertir, saúde equilibrada em harmonia com a mente, autocura de doenças, o sistema imunológico fortificado e equilibrado, o despertar do poder mental e o desenvolvimento da evolução consciencial.

O Holochacra é formado por 65 mil Chacras em todo o Energossoma (corpo energético), e os mais importantes são: o Coronochacra, o Frontochacra, o Laringochacra, o Chacra da Nuca, o Cardiochacra, o Plexo-Solar, o Umbilicochacra (Chacra Básico), o Chacra Sacro, o Sexo Chacra e a Kundalini.

Função dos Chacras mais importantes:

1) Coronochacra:

Fica localizado acima da cabeça da Conscin (Consciência Intrafísica).

Tem como função absorver todos os tipos de energias imanentes, principalmente as Cosmoenergias produzidas pelo Sol e a Lua, e as Aeroenergias produzidas pela atmosfera. Ou seja: este Chacra absorve as energias imanentes que são produzidas acima da cabeça da Conscin.

Este Centro de energia quando ativado nos conecta e-nergeticamente ao Universo e quando desenvolvido fortalece esta conexão energética.

Religiosamente é conhecido como Chacra da Coroa ou Sahasrara.

2) Frontochacra:

Fica localizado no meio da testa, acima das sobrancelhas da Conscin (Consciência Intrafísica).

Trabalha com o cérebro intrafísico e faz a Conscin adquirir e desenvolver inúmeras potencialidades anímicas e parapsíquicas, como por exemplo: a Clarividência, a Clarividência Viajora, a Clariaudiência, a Retrocognição, a Pre-cognição, outras mais.

Este Centro de energia tem forte ligação com as dimensões extrafísicas.

Religiosamente e2 misticamente é conhecido como Terceiro-Olho.

3) Laringochacra:

Fica localizado na garganta da Conscin (Consciência Intrafísica).

Tem como função desenvolver a comunicação oral da Conscin, fazendo ela se expressar, falar e ensinar com especialização e perfeição.

Se usado de forma negativa, maldosa ou com má intenção, pode ser uma importante "arma" para ludibriar e enganar povos e nações.

Religiosamente é conhecido como Chacra Laríngeo.

4) Chacra da Nuca:

Caio Mirabelli

Localiza-se na região da nuca, se abre para trás e está ligado ao Laringochacra (Chacra da Garganta).

É por este Chacra que as Consciexes (Consciências Extrafísicas) se conectam energeticamente com as Conscins (Consciências Intrafísicas) para exteriorizar seus pensenes, assisti-las ou para assediá-las.

5) Cardiochacra:

Fica localizado no coração da Conscin (Consciência Intrafísica).

É responsável pelo sentimento do afeto, carinho e principalmente do amor eros, fileus e ágape.

Este Centro de energia faz uma forte ligação com o cérebro intrafísico e o Para-cérebro na parte emocional.

Fisicamente ele rege o coração e os pulmões.

Quando este chacra está desalinhado ou bloqueado provoca depressão, pânico e ressentimentos, e na parte fisiológica promove problemas cardíacos e respiratórios.

Religiosamente é conhecido como Chacra Cardíaco.

6) Plexo-Solar:

Localizado na região do abdômen, fica quatro dedos acima do Umbigo da Conscin (Consciência Intrafísica).

É responsável pelo equilíbrio emocional da Conscin e se esse Centro de energia estiver alinhado e ativo, a Conscin terá auto-estima, alegria, felicidades, estará bem consigo mesmo e com os outros.

Se este Chacra estiver desalinhado ou bloqueado, essa Conscin terá baixa auto-estima, estresse, raiva, arrogância, soberba, ansiedade.

Na parte fisiológica este Chacra rege o estômago e o Pâncreas. Se ele estiver desalinhado ou bloqueado promove úlceras, gastrites, diabetes e hipoglicemia, além de ocorrer desconforto abdominal.

As Consciências do UNIVERSO

Religiosamente e misticamente é chamado de Manipura.

7) Umbilicochacra (Chacra Básico):

Localizado quatro dedos abaixo do Umbigo da Conscin (Consciência Intrafísica).

É responsável pela socialização da Conscin, se este Chacra estiver alinhado e ativo, essa Conscin terá facilidades para fazer amigos, colegas, criar e desenvolver relacionamentos sentimentais, aceitação de si mesmo, uma relação sexual bem resolvida, aceitação da própria vida que tem.

Se estiver desalinhado ou bloqueado, essa Conscin terá grandes dificuldades de se socializar com outras Conscins, com a sociedade e não conseguirá criar e desenvolver relacionamentos sentimentais, terá medo da proximidade física com outras pessoas, repugnância com o próprio Soma (corpo físico), sexualidade desenfreada, sexualidade reprimida, desvios sexuais, mágoa, rejeição, isolamento.

Este Centro de energia rege o sistema reprodutor (ovários e testículos), o sistema circulatório, sistema urinário, os rins e os quadris.

Quando este Chacra estiver desalinhado ou bloqueado, promove problemas fisiológicos como disfunção erétil, atrasos na menstruação, problemas circulatórios, problemas nos rins e dores no quadril.

Religiosamente e misticamente é conhecido como Chacra Umbilical.

8) Chacra Sacro:

Localizado no períneo, que é a parte que separa os órgãos sexuais do ânus, rege as vias urinárias e junto com o Umbilicochacra também rege o sistema reprodutor para manter o seu funcionamento.

9) Sexochacra:

Caio Mirabelli

Localizado nos órgãos genitais (na cabeça do pênis, nos homens; e na cabeça do clitóris, na mulher), é também responsável pela sexualidade.

Quando interligado ao chacra sacro participa intensamente da reprodução, e é o chacra que exterioriza a Libido (energia consciencial do sexo, responsável pela excitação e ereção do pênis).

10) Kundalini:

É a energia gerada pelo conjunto dos Chacras da região inferior do Energossoma (corpo energético) que são: o Chacra da Coluna, o Umbilicochacra, o Chacra Sacro, o Sexochacra e o Plantochacra (Chacra da planta dos pés).

Esse conjunto dos Chacras é responsável pela absorção, armazenamento, distribuição, e troca de energias absorvidas do solo (geoenergia) pelo Plantochacra.

Esse conjunto energético tem como objetivo limpar o organismo do soma da conscin, desenvolver os centros de energias formadores da Kundalini e a aceleração da evolução consciencial da conscin.

Características das Consciências:

Existem incontáveis Consciências em todo o Universo, sendo que existem apenas 4 tipos de personalidades que as Consciências possuem em todas as suas vidas intrafísicas e extrafísicas que foram percebidas e analisadas ao longo do tempo pela Ciência.

As Personalidades são:

1) Consciências Racionais
2) Consciências Idealistas
3) Consciências Guardiões
4) Consciências Artesãos

Os Racionais:

- As Consciências Racionais possuem Qualidades, Potencialidades e Defeitos.

Características:

1) Querem fazer a sociedade evoluir;

2) Gostam de concretizar ideias novas e avançadas para o bem da humanidade;

3) Pensam de forma lógica, são muito perfeccionistas e exigentes;

4) Exigem muito de si e das Consciências ao seu redor;

5) Odeia depender de terceiros;

6) São justos, corretos e muito mentalsomáticos;

7) Gostam de debater com outras Consciências usando a lógica;

8) Gostam de pouca atividade prática e muita atividade intelectual;

Trafores (traços fortes/qualidades e potencialidades):

1) Qualidades:

Pesquisadores, estudiosos, se especializam em qualquer conhecimento pelo qual se interessarem, determinados, justos e corretos.

2) Potencialidades:

Possuem raciocínio lógico, raciocínio rápido, intelecto desenvolvido, observação desenvolvida e são excelentes comunicadores.

Trafares (traços fardos/defeitos):

1) Defeitos:

Baixa sociabilidade, são afetados por críticas negativas e super exigentes.

Tem como Objetivo de Vida ser o melhor no que faz.

Os Idealistas:

• As Consciências Idealistas possuem Qualidades, Potencialidades e Defeitos.

Características:

1) Estão sempre tentando mudar o mundo ao seu redor para melhor;
2) Possuem ideologias políticas;
3) Possuem orientações filosóficas;
4) Seguem um segmento religioso;
5) Fazem planos e criam objetivos para realizar nas suas vidas;
6) Pensam sempre no futuro da humanidade e do planeta;
7) Lutam sempre para ser uma Consciência melhor;
8) Possuem o medo de errar;
9) Temem a solidão;
10) Querem melhorar o mundo;

Trafores (traços fortes/qualidades e potencialidades):

1) Qualidades:

São otimistas, persistentes, sentimentais, assistenciais e possuem fé.

2) Potencialidades:

Possuem intuição desenvolvida, são intelectuais, comunicativos, criativos, organizados, sabem planejar, tem percepção e sensibilidade desenvolvida (compreendem as outras Consciências e o mundo).

Trafares (traços fardos/defeitos):

1) Defeitos:

Possuem humor instável, são assediados e influenciados com facilidade.

Tem como objetivo de vida ser uma pessoa melhor.

Os Guardiões:

● As Consciências Guardiões possuem qualidades e Potencialidades

Características:

1) São trabalhadores e realizam as atividades com seriedade;
2) São confiáveis e controladores;
3) Valorizam a segurança e a estabilidade emocional, afetiva e material;
4) Cumprem suas atividades com determinação;
5) São grandes líderes;
6) Sentem prazer em desenvolver as qualidades e potencialidades das Consciências ao seu redor;
7) Possuem personalidade forte;
8) Tem medo de ser esquecido e de perder o controle.

Trafores (traços fortes/qualidades e potencialidades):

1) Qualidades:

Assistencial, sério, responsável, confiável, líder e trabalhador.

2) Potencialidades:

Comunicador, observador, crítico (suas críticas são construtivas), planejador, organizador e realizador.

Trafares (traços fardos/defeitos):

Quer controlar tudo, não aceita críticas negativas, necessita ser reconhecido pelo seu trabalho, tem resistência ao novo.

Tem como objetivo de vida estabilizar e sustentar a sociedade, ou seja, fazer o mundo funcionar.

Os Artesãos:

• As Consciências Artesãos possuem Qualidades, Potencialidades e Defeitos.

Características:

1) São super ativos e ousados;
2) Apaixonados pelas aventuras naturais e pela diversão;
3) Buscam novas formas de estímulo, coisas novas e variadas, querem experiências novas;
4) Odeiam a rotina;
5) Gostam de agir;
6) Não gostam muito de pensar;

As Consciências do UNIVERSO

7) São excelentes para resolver questões práticas imediatas;
8) Gostam de se mostrar;
9) São extrovertidos e originais;
10) Amantes do presente, não ligam para o futuro.

Trafores (traços fortes/qualidades e potencialidades):

1) Qualidades:

São alegres, ativos, corajosos, parceiros, colaboradores, sabem lidar com outras Consciências.

2) Potencialidades:

São conciliadores, comunicadores, se adaptam em qualquer ambiente, detalhistas, criacionistas (sabem criar), são práticos e objetivos.

Trafares (traços fardos/defeitos):

1) Defeitos:

Não aceitam cobranças, são distraídos (dificuldade de concentração), indisciplinados (não disciplinados), possuem falta de capacidade de planejar o futuro e de criar oportunidades.

Tem como objetivo de vida se divertir o máximo que puder.

Referências Bibliográficas:

O Tema características das Consciências foi pesquisado e estudado pelo autor, através do site www.guiadacarreira.com.br/autoconhecimento/tipo-de-personalidade.

ENERGIAS

Energias Imanentes:

As energias imanentes são energias que fazem parte da natureza, e constituem os elementos naturais como rios, lagos, lagoas, mares, oceanos, ventos, solo, árvores, plantas, flores, pedras e etc.

As energias imanentes são absorvidas diariamente pelas Consciências, em qualquer lugar, a todo momento.

São energias produzidas pela Natureza e se absorvidas pela Consciência, aceleram e desenvolvem a evolução consciencial desta Consciência.

Tipos de energias imanentes:

1) Cosmoenergia:

Energia imanente produzida pelo cosmos, pelo Universo, é toda energia originária do cosmos.

Exemplo: Energia do Sol, da Lua, das Estrelas, e etc.

2) Aeroenergia:

Energia imanente produzida pela Atmosfera e fenômenos meteorológicos.

Exemplo: Energia dos Tornados, Ciclones Tropicais, Tempestades, Ventanias, e etc.

3) Hidroenergia:

Energia imanente produzida pela água e suas nascentes.

Exemplo: Energia dos Rios, Cachoeiras, Lagos, Lagoas, Mar e etc.

4) Fitoenergia:

Energia imanente produzida pelas Plantas.

Exemplo: Energia das Árvores, Plantas, Flores e etc.

5) Geoenergia:

Energia imanente produzida pela Terra.

Exemplo: Energia do Solo.

Energia Consciencial:

É a energia da Consciência. A Consciência absorve a e-nergia imanente da natureza, transforma e exterioriza essa energia absorvida em energia consciencial.

Pensene:

Pensene significa: Pensamento + Sentimento + Energia.

Cada energia consciencial produzida e exteriorizada possui um Pensene, que é uma informação contida nessas energias conscienciais criadas pelo Pensamento, Sentimento e Energia.
Se o Pensene exteriorizado for positivo, atrairá Conscins e Consciexes positivas e benignas.
Se o Pensene exteriorizado for negativo, atrairá Conscins e Consciexes negativas e maldosas.
Para se ter uma conexão energética forte com o Universo, é necessário produzir e exteriorizar Pensenes positivos.
Para se ter uma conexão energética fraca com o Universo, é necessário produzir e exteriorizar Pensenes negativos.

Caio Mirabelli

Tipos de Pensenes:

1) Mnemopensenes:

São Pensenes produzidos pelas memórias de vidas intrafísicas passadas que estão armazenadas dentro da Holomemória (conjunto de memórias) do Paracérebro (cérebro do Psicossoma) da Consciência.

2) Retropensenes:

São Pensenes que estão grudados no Psicossoma da Consciência que foi gerado em vidas intrafísicas passadas.
São Pensenes específicos de determinadas experiências que a Consciência vivenciou em vidas passadas.

3) Omegapensenes:

São Pensenes gerados pelo trauma de ferimentos de morte de vidas intrafísicas passadas e que estão acoplados no Psicossoma da Consciência e são responsáveis pelas deficiências e enfermidades físicas dessa Conscin.

Exemplo: Um homem que dessomou (faleceu) com a garganta cortada e que ressomou (reencarnou) na atual vida intrafísica com uma cicatriz na garganta.
Uma mulher que dessomou (faleceu) com um tiro na altura do nariz e que ressomou (reencarnou) com o respectivo nariz deformado.

4) Traumatopensene:

São Pensenes gerados pelos traumas psicológicos ou emocionais de vidas intrafísicas passadas e que estão acoplados no Paracérebro (cérebro do Psicossoma)da Consciência.

Muitos traumas e fobias que ocorrem nas Conscins são provenientes desses traumatopensenes.

Holopensene:

É o conjunto de Pensenes que fazem parte do campo energético dos ambientes intrafísicos e extrafísicos.

Nos ambientes esse Holopensene é formado pelas energias imanentes do lugar somadas aos Pensenes das Conscins e das Consciexes que vivem neste lugar.

Todo ambiente intrafísico e extrafísico possui um Holopensene.

Holopensene Individual:

É o conjunto de Pensenes que fazem parte da Psicosfera (campo energético) das Consciências.

Esses Pensenes são produzidos pela própria Consciência ao longo de suas inúmeras existências.

O Holopensene Individual é formado pelos Pensenes da Conscin, somados aos Pensenes das Consciexes que convivem com ela.

Ressoma:

A Ressoma é o processo que a Consciex (Consciência Extrafísica) adquire um novo Soma (Corpo Físico) para poder se manifestar e evoluir consciencialmente nas dimensões intrafísicas.

Religiosamente a Ressoma é chamada de Reencarnação ou Renascimento.

Dessoma:

A Dessoma é o processo que a Conscin (Consciência Intrafísica) descarta o Soma (Corpo Físico).

Caio Mirabelli

Religiosamente a Dessoma é chamada de Morte ou Falecimento.

Os Tipos de Dessoma são:

- **1° Dessoma**

A 1° Dessoma é o processo de desativação do Soma (corpo físico) provocado pelo rompimento do Cordão de Prata (Cordão Energético que conecta o Psicossoma ao Soma).

A 1° Dessoma faz a Conscin (Consciência Intrafísica) se tornar Consciex (Consciência Extrafísica), e só se manifestar de Mentalsoma, Psicossoma e Energossoma.

- **2° Dessoma**

A 2° Dessoma é o processo que a Consciex (Consciência Extrafísica) descarta o Energossoma (Corpo Energético) e passa a se manifestar somente de Mentalsoma e Psicossoma.

Dimensão Intrafísica:

É a dimensão mais densa e material, onde as Consciências se manifestam através do Soma (Corpo Físico).

A Dimensão Intrafísica é a dimensão específica do Soma, onde a Consciência intrafísica (Conscin) atua com seu grau máximo de restringimento, devido a utilização dos quatro veículos de manifestação (corpos).

As Dimensões Intrafísicas são compostas por planetas, estrelas, galáxias, meteoros, satélites naturais, cometas. Ou seja: são dimensões que fazem parte do Universo e do Cosmo e contém elementos densos e materiais.

Exemplos de Dimensão Intrafísica:

1) Planetas habitados (Planeta Terra e outros) e Planetas não habitados;

2) Satélites Naturais (Lua);

3) Estrelas;

4) Via Láctea;

5) Sistema Solar;

6) A Galáxia.

Dimensão Extrafísica:

É a dimensão onde não existem elementos densos e materiais. Nessas dimensões habitam Consciências Extrafísicas (Consciexes) de vários tipos de níveis evolutivos.

São dimensões que são habitadas por Consciexes afins (afinizados pensenicamente) em suas harmonias e em seus desequilíbrios.

Existem 3 características de dimensões extrafísicas que são a dimensão Paraíso, a dimensão Inferno e a Egodimensão.

Cada Personalidade das Consciências é afinizada com cada tipo de dimensão extrafísica.

Exemplos:

1) As Consciências Racionais podem ser afinizadas com a dimensão Paraíso, Inferno ou Egodimensão.

2) As Consciências Idealistas podem ser afinizadas com a dimensão Paraíso, Inferno ou Egodimensão.

3) As Consciências Guardiões podem ser afinizadas com a dimensão Paraíso, Inferno ou Egodimensão.

4) As Consciências Artesãos podem ser afinizadas com a dimensão Paraíso, Inferno ou Egodimensão.

Observações:

Caio Mirabelli

O que decide se as Consciências Racionais / Idealistas / Guardiões / Artesãos, após a dessoma, vão para o Paraíso, Inferno ou Egodimensão, são os tipos de pensenes produzidos e exteriorizados por eles durante seu processo evolutivo intrafísico e extrafísico.

Dimensão Extrafísica Paraíso:

É a dimensão extrafísica cosmoética, benigna, que é habitada por Deus, e várias Consciexes de todos os níveis evolutivos.

Possui três características que são: dimensão agradável, dimensão transicional, dimensão evolutiva.

Explicando as características da Dimensão Paraíso:

1) Dimensão Agradável:

A Dimensão Paraíso é agradável porque não existe dor, sofrimento, violência, são estâncias lindas, cheias de flores perfumadas, árvores belas, ambiente agradável, confortante com céus, nuvens, luzes intensas, cidades organizadas, complexas, avançadas, modernas, tecnológicas e possui inúmeras comunex (comunidades extrafísicas).

2) Dimensão Transicional:

A Dimensão Paraíso é transicional porque quando uma Consciex que vive nesta dimensão evolui, ela é transferida da comunidade que se manifesta para uma outra comunidade mais avançada, desenvolvida, evoluída e compatível com o novo nível evolutivo que esta consciex adquiriu.

3) Dimensão Evolutiva:

A Dimensão Paraíso é evolutiva porque nesta dimensão existem faculdades, universidades, escolas, colégios, ginásios, centros de treinamento esportivo, laboratórios, hospitais, Consciexes que são profissionais especializados em todas as áreas do conhecimento. Ou seja: essa dimensão oferece toda uma estrutura para que a Consciência supere dificuldades, revogue defeitos, seja assistida e possa evoluir consciencialmente.

Esta dimensão é abundante de energias imanentes e energias conscienciais de grande qualidade assistencial, cosmoética e evolutiva que são de fácil absorção, dominação, mobilização e exteriorização.

Observações:

A Dimensão Paraíso é habitada por 5 grupos de Consciexes que são as Consciências simples, os Amparadores, os Evoluciólogos, os Serenões e as Consciexes Livres.

1) Consciexes Simples:

São as Consciências que possuem baixos níveis evolutivos, pouquíssimo discernimento, lucidez e maturidade, mas são cosmoéticas e benignas.

Essas Consciências possuem muitos trafares (defeitos) e poucos trafores (qualidades e potencialidades).

Essas Consciências em sua maioria não passam pela segunda dessoma (descarte do energossoma).

2) Amparadores Extrafísicos:

É a consciex bondosa que auxilia uma ou várias conscins e consciexes, com o objetivo de desenvolver a evolução consciencial dessas Consciências.

Toda Conscin possui um Amparador que a auxilia e orienta desde o seu nascimento até depois de sua morte biológica (dessoma).

Caio Mirabelli

Durante o processo da ressoma (reencarnação / renascimento), os amparadores participam do processo de encaixamento do Psicossoma no novo Soma da Consciência que está ressomando.

A Aparência dos Amparadores extrafísicos pode ser de homem, mulher, jovem, criança ou idoso, também podem ter outros tipos de aparências, na maioria das vezes, a fisionomia de seu Psicossoma é parecida com a fisionomia de seu último Soma utilizado durante sua vida nas dimensões intrafísicas.

Popularmente e religiosamente são conhecidos como Anjo da Guarda, mentores espirituais, Anjo de Luz, Guia, Ser de Luz.

3) Evoluciólogo ou Orientador Evolutivo:

É a Consciex bondosa, cosmoética e evoluída que auxilia várias Consciências com o objetivo de acelerar a evolução consciencial destas Consciências.

Os Evoluciólogos são Consciências mais evoluídas consciencialmente que os Amparadores. Programam a Orgaéxis (Organização Existencial) das Consciências, atuam no extrafísico ministrando palestras e aulas nos cursos que fazem parte do período intermissivo, preparando as Consciências para a vida na intrafisicalidade, são especializados nos estudos da Paragenética, da Holossomática (estudo sobre os veículos de manifestação), da Serialidade Existencial (estudo sobre as séries existenciais, ressomas, múltiplas existências) e da Multidimensionalidade (estudo sobre as múltiplas dimensões).

Os Evoluciólogos também praticam vários tipos de assistências. Entre elas está o resgate extrafísico, que é quando os Evoluciólogos se dirigem para a dimensão extrafísica Inferno para resgatar algumas Consciências patológicas daquele lugar, e as encaminham para a dimensão extrafísica Paraíso com o objetivo de cuidar e desenvolver a evolução consciencial dessas Consciências resgatadas.

4) Serenão ou Homo Sapiens Sereníssimus:

As Consciências do UNIVERSO

O Serenão é uma Consciência altamente evoluída que possui grande equilíbrio emocional, mansidão, maturidade, discernimento, lucidez, inúmeras potencialidades anímicas e potencialidades parapsíquicas, cosmoética, completo controle do mentalsoma, Psicossoma e quando está ressomado, também controla totalmente o Energossoma e o Soma.

Com relação ao Soma, tem completo controle de todos os organismos e também dos sistemas: respiratório, circulatório, digestivo, endócrino, urinário, imunológico, nervoso, muscular e reprodutor, além de controlar também o cerebelo e o próprio metabolismo.

A Conscin Serenão tem todo o Holochacra desenvolvido, são especializadas na prática da Tacon (Tarefa da Consolação) e da Tares (Tarefa do Esclarecimento), dominam energia com facilidade, são totalmente desassediados, ou seja, não sofrem influências dos Assediadores, e possuem a capacidade de sentir e interpretar o holopensene de ambientes e consciências, dominam a projeção consciencial Psicossomática e Mentalsomática.

Os Serenões são muito mais evoluídos do que a média da população do planeta e possuem a capacidade de absorver, mobilizar e exteriorizar muitas energias para todo o planeta.

Os Serenões são responsáveis pela existência e manutenção de muitas dimensões extrafísicas e também alimentam energeticamente grandes Holopensenes positivos e cosmoéticos das dimensões intrafísicas

Os Serenões amparam energeticamente muitas Consciências intrafísicas e extrafísicas, favorecendo a intensificação e o desenvolvimento da evolução consciencial delas.

Todo Serenão é altamente intelectual, especialista nas ciências exatas (matemática, física, química e etc) e nas ciências humanas (história, geografia, antropologia, filosofia e etc), possui grande benevolência, conhece profundamente a medicina, a psicologia, a psiquiatria.

São os responsáveis pela manutenção da paz e da ordem em vários países, e trabalham energeticamente com várias personalidades cosmoéticas do mundo político, científico, esportivo, artístico, educacional, empresarial e humanitário.

Os Serenões administram e assistem os continentes do Planeta Terra.

No Extrafísico, os Serenões trabalham com os evoluciólogos, e os Amparadores, supervisionando o trabalho deles.

O Objetivo dos Serenões é prestar assistência de forma mais ampla e irrestrita a todas as Consciências, incluindo o resgate e retirada das Consciências patológicas do inferno e encaminhando-as para as dimensões extrafísicas cosmoéticas.

Os Serenões também praticam assistência com grupos específicos de Consciências em conformidade com objetivos evolutivos e assistenciais.

Os Serenões são totalmente Mentalsomáticos.

5) Consciência Livre:

É uma Consciência altamente evoluída e avançada, possui grande maturidade, discernimento, lucidez, alta intelectualidade, raciocínio lógico, equilíbrio emocional, domínio energético, capacidade de sentir o holopensene de ambientes e Consciências, especializado na prática da Tacon (Tarefa da Consolação) e da Tares (Tarefa do Esclarecimento), também possui múltiplas potencialidades anímicas e potencialidades parapsíquicas, domina a projeção consciencial psicossomática e mentalsomática, possui alta conexão energética com Deus e com o Universo.

A Consciência Livre não precisa mais ressomar nas dimensões intrafísicas, e só se manifesta nas comunexes evoluídas e mentalsomáticas da dimensão Paraíso.

A Consciência Livre não possui mais o soma, o energossoma e seu psicossoma se funde com o mentalsoma, se tornando um só corpo, um só veículo de manifestação, que não possui forma nem fisionomia.

A Consciência Livre administra o sistema solar, os planetas, as estrelas, o cosmo, o Universo.

As Consciências Livres são totalmente Mentalsomáticos.

Perguntas sobre a Dimensão Extrafísica Paraíso:

1) Como Surge a Dimensão Extrafísica Paraíso?

Resp: A Dimensão Extrafísica Paraíso surge do conjunto de Pensenes produzidos e exteriorizados pelas Consciências cosmoéticas, assistenciais, evoluídas e por Deus.

2) Deus participa do Processo de Criação da Dimensão Extrafísica Paraíso?

Resp: Sim. Ele participa ao exteriorizar seus Pensenes na criação desta dimensão e também ao permitir a existência dela.

3) Somente as Consciências avançadas podem viver e habitar o Paraíso?

Resp: Não. Qualquer Consciência que seja cosmoética e benigna, ou os dois, mesmo sendo pouco evoluída e tendo muitos trafares (defeitos) e poucos trafores (qualidades e potencialidades), podem habitar o Paraíso.

Mas para essas Consciências cosmoéticas de baixo nível evolutivo viverem e habitarem as comunexes (comunidades extrafísicas) avançadas do Paraíso, é necessário essas Consciências se desenvolverem e evoluírem consciencialmente.

Dimensão Extrafísica Inferno:

É a dimensão extrafísica anticosmoética, maligna, negativa, que é habitada por Deus, Consciexes simples patológicas, assediadores simples, mega assediadores tipo 1, mega assediadores tipo 2 e mega assediadores tipo 3.

São chamados de Sub-Planos por serem ambientes extrafísicos doentios.

Possui três características que são: dimensão maligna, dimensão transicional, dimensão evolutiva.

Caio Mirabelli

Explicando as características da Dimensão Inferno:

1) Dimensão Maligna:

É uma dimensão extrafísica maligna porque possui inúmeras Consciexes maldosas, de má fé, e anticosmoéticas que possuem como objetivos existenciais realizar seus desejos, vontades e ambições utilizando a anticosmoética, a maldade, e são adoradores da iniquidade.

Iniquidade = quando o erro e o pecado se tornam naturais e são praticados constantemente.

2) Dimensão Transicional:

Esta dimensão extrafísica é transicional porque quando uma Consciex que vive nesta dimensão evolui, ela é transferida da comunidade que se manifesta para uma outra comunidade mais avançada, desenvolvida, evoluída e compatível com o novo nível evolutivo que esta consciex adquiriu.

Na dimensão extrafísica Inferno também existem comunidades extrafísicas avançadas, desenvolvidas e evoluídas.

3) Dimensão Evolutiva:

Esta dimensão extrafísica é evolutiva porque nesta dimensão existem faculdades, universidades, escolas, colégios, ginásios, centros de treinamento esportivo, laboratórios, hospitais, Consciexes que são profissionais especializados em todas as áreas do conhecimento. Ou seja: essa dimensão oferece toda uma estrutura para que a Consciência supere dificuldades, revogue defeitos, seja assistida e possa evoluir consciencialmente.

Nesta dimensão as únicas Consciexes que podem evoluir e se desenvolver são as escolhidas pelos Mega Assediadores.

Observações:

A Dimensão Extrafísica Inferno é habitada também por 5 grupos de Consciexes, que são as Consciexes Simples Patológicas, os Assediadores Simples, os Mega Assediadores Tipo 1, os Mega Assediadores Tipo 2 e os Mega Assediadores Tipo 3.

1) Consciexes Simples Patológicas:

São Consciexes doentes, que tem o Mentalsoma desequilibrado e dominado pelo Psicossoma, altamente assediado, personalidade fraca, possuem pouco livre-arbítrio, produzem e exteriorizam pensenes agressivos, violentos, homicidas, são viciados em drogas, não dominam suas energias, possuem mais trafares do que trafores, possuem baixos níveis evolutivos.

São torturadas, espancadas, atacadas e presas pelos assediadores simples, precisam urgente de um resgate extrafísico e não passaram pela segunda dessoma.

2) Assediadores Simples:

São as Consciexes que possuem baixos níveis evolutivos, a maioria não passou pela segunda dessoma, são viciados em desejos carnais, como fornicação, adultério, drogas, tabagismos e alcoolismo.

São totalmente anticosmoéticos, agressivos, ladrões, homicidas, destruidores de lares, torturadores, incentivam a prática do escárnio e do suicídio.

Possuem personalidade fraca, poucos trafores, não possuem discernimento, maturidade, e tem pouca lucidez.

São totalmente Psicossomáticos.

3) Mega Assediador Tipo 1:

É a Consciex maligna e anticosmoética que possui um nível evolutivo avançado, e comanda os assediadores simples.

Essa Consciex assedia uma ou várias Consciências, com o objetivo de sugar as energias conscienciais de suas vítimas.

Caio Mirabelli

Essa Consciex evolui consciencialmente absorvendo, manipulando, exteriorizando energias, além de sugar as energias conscienciais de suas vítimas.

O Mega Assediador Tipo 1 possui maturidade, discernimento, lucidez, personalidade forte, liderança, muitas potencialidades anímicas e potencialidades parapsíquicas, tem equilíbrio emocional, alta intelectualidade e domina energias.

Durante o processo da ressoma (reencarnação / renascimento), os Mega Assediadores Tipo 1 participam do processo de encaixamento do Psicossoma no novo Soma da Consciência que está ressomando e que eles querem que ressome.

A Aparência dos Mega Assediadores Tipo 1 pode ser de homem, mulher, jovem, criança ou idoso, também podem ter outros tipos de aparências, na maioria das vezes, a fisionomia de seu Psicossoma é parecida com a fisionomia de seu último Soma utilizado durante sua vida nas dimensões intrafísicas.

4) Mega Assediador Tipo 2:

É a Consciex maligna e anticosmoética que comanda o Mega Assediador Tipo 1 e os Assediadores Simples.

O Mega Assediador Tipo 2 possui maturidade, discernimento, lucidez, personalidade forte, liderança, muitas potencialidades anímicas e potencialidades parapsíquicas, tem equilíbrio emocional, alta intelectualidade, domina energias, e é mais evoluído consciencialmente do que o Mega Assediador Tipo 1 e os Assediadores Simples.

São Consciências que programam a Orgaéxis (Organização Existencial) das Consciências. Atuam no extrafísico ministrando palestras e aulas nos cursos que fazem parte do período intermissivo, preparando as Consciências assediadoras para a vida na intrafisicalidade. São especializados nos estudos da Paragenética, da Holossomática (estudo sobre os veículos de manifestação), da Serialidade Existencial (estudo sobre as séries existenciais, ressomas, múltiplas existências) e da Multidimensionalidade (estudo sobre as múltiplas dimensões).

São especializados na Anticosmoética, tem como objetivos primordiais atrasar a evolutividade das Consciências, e dominar ruas, bairros, cidades, Estados e até Países. Gostam de escravizar o máximo de Consciências que conseguirem, para sempre sugá-las energeticamente. Essa Consciex evolui consciencialmente absorvendo, manipulando, exteriorizando energias, além de sugar as energias consciencias de suas vítimas.

5) Mega Assediador Tipo 3:

É a Consciex maligna e anticosmoética que comanda o Mega Assediador Tipo 1, o Mega Assediador Tipo 2 e os Assediadores Simples.

É uma Consciência altamente evoluída que possui grande equilíbrio emocional, mansidão, maturidade, discernimento, lucidez, inúmeras potencialidades anímicas e potencialidades parapsíquicas, anticosmoética, completo controle do mentalsoma, Psicossoma e quando está ressomado, também controla totalmente o Energossoma e o Soma.

Com relação ao Soma tem completo controle de todo o organismo e também dos sistemas respiratório, circulatório, digestivo, endócrino, urinário, imunológico, nervoso, muscular e reprodutor, além de controlar também o cerebelo e o próprio metabolismo.

A Conscin Mega Assediador Tipo 3 tem todo o Holochacra desenvolvido, são especializados na prática da Tacon (Tarefa da Consolação) e da Tares (Tarefa do Esclarecimento), dominam energia com facilidade, são totalmente desassediados, ou seja, não sofrem influências dos Assediadores, e possuem a capacidade de sentir e interpretar o holopensene de ambientes e consciências, dominam a projeção consciencial Psicossomática e Mentalsomática.

Os Mega Assediadores Tipo 3 são muito mais evoluídos do que a média da população do planeta e possuem a capacidade de absorver, mobilizar e exteriorizar muitas energias para todo o planeta.

Os Mega Assediadores Tipo 3 são responsáveis pela e-xistência e manutenção de muitas dimensões extrafísicas malignas e anticosmoéticas.

Os Mega Assediadores Tipo 3 tem como objetivos primordiais manter o domínio dos Países que escravizam e comandam e adquirir o domínio de Países e continentes que ainda não dominam, também manifestam o desejo de dominar todo o Planeta e o Universo.

Os Mega Assediadores Tipo 3 amparam e assediam e-nergeticamente muitas Consciências intrafísicas e extrafísicas, favo-recendo e prejudicando a intensificação e o desenvolvimento da evolução consciencial delas.

Eles só desenvolvem a evolução consciencial das consci-ências que trabalham com ele como grandes empresários anti-cosmoéticos, líderes religiosos anticosmoéticos, políticos anticos-moéticos e etc.

Todo Mega Assediador Tipo 3 é altamente intelectual, especialista nas ciências exatas (matemática, física, química e etc) e nas ciências humanas (história, geografia, antropologia, filosofia e etc), possui grande benevolência e maldade, conhecem profundamente a medicina, a psicologia, a psiquiatria.

São os responsáveis pela promoção do caos e da desordem em vários países, e trabalham energeticamente com várias personalidades anticosmoéticas do mundo político, científico, esportivo, artístico, educacional, empresarial e humanitário.

Os Mega Assediadores Tipo 3 alimentam energeticamente grandes Holopensenes negativos existentes em todos os lugares das dimensões intrafísicas.

Os Mega Assediadores Tipo 3 são totalmente Mentalsomáticos.

6) Mega Assediador Livre:

É uma Consciência altamente evoluída e avançada, possui grande maturidade, discernimento, lucidez, alta intelectualidade, ra-ciocínio lógico, equilíbrio emocional, domínio energético, capacidade de sentir o holopensene de ambientes e Consciências, especializado na prática da Tacon (Tarefa da Consolação) e da Tares (Tarefa do

Esclarecimento), também possui múltiplas potencialidades anímicas e potencialidades parapsíquicas, domina a projeção consciencial psicossomática e mentalsomática, possui alta conexão energética com Deus e com o Universo.

O Mega Assediador Livre não precisa mais ressomar nas dimensões intrafísicas, e só se manifesta nas comunexes evoluídas e mentalsomáticas da dimensão Inferno.

O Mega Assediador Livre não possui mais o soma, o energossoma e seu psicossoma se funde com o mentalsoma, se tornando um só corpo, um só veículo de manifestação, que não possui forma nem fisionomia.

O Mega Assediador Livre administra o sistema solar, os planetas, as estrelas, o cosmo, o Universo.

Os Mega Assediadores Livres são totalmente Mentalsomáticos e anticosmoéticos.

Dimensão Extrafísica Egodimensão:

A Egodimensão é a dimensão extrafísica de nível evolutivo estacionado, porque é habitado por Consciexes viciadas e presas energeticamente pelos prazeres materiais do mundo intrafísico.

Essas Consciexes não passaram pela segunda dessoma e quando eram Consciências intrafísicas foram alcoólatras, drogados, fornicadores, tabagistas, adúlteros, vaidosos, exacerbados, gulosos.

Essas Consciexes quando tiveram oportunidade de se manifestarem na dimensão intrafísica não conseguiram dominar o Soma, e seus desequilíbrios emocionais os levaram a vícios destruidores, a hábitos e estilos de vida antievolutivos e egocêntricos.

São Consciexes anticosmoéticas consigo mesmas, autodestruidoras, autosabotadoras, mas que não fazem mal ao seu próximo.

São Consciexes que tem o Mentalsoma desequilibrado, o Psicossoma lateja sempre, são viciados, imorais e anticosmoéticos consigo mesmos, e enquanto não superarem os vícios, a imoralidade e não se tornarem cosmoéticos, eles continuarão presos nessas dimensões.

Exemplo:

1) Tício, quando era Conscin, foi viciado em bebidas alcoólicas e quando dessomou, sua Consciência foi transferida para uma dimensão extrafísica que é habitada por várias Consciexes viciadas em bebidas alcoólicas.

Tício foi para essa dimensão extrafísica porque ele é afinizado pensenicamente com essa dimensão e seus habitantes.

2) Mévio, quando Conscin, era viciado em Crack e quando dessomou, sua Consciência foi transferida para uma dimensão extrafísica habitada por várias Consciexes, usuárias de Crack e outras drogas. Essas Consciexes continuam usando esses tipos de drogas diariamente.

Mévio foi para essa dimensão extrafísica porque ele é afinizado pensenicamente com essa dimensão e seus habitantes.

Período Intermissivo:

É o período em que a Consciex que vive na dimensão extrafísica, estuda, trabalha, se capacita, se aperfeiçoa, se organiza, se desenvolve, aprende, ensina e evolui consciencialmente.

Durante o período intermissivo, a Consciex prepara sua Orgaéxis, participa de cursos, realiza trabalhos, se desenvolve e evolui consciencialmente.

Os cursos feitos e concluídos na dimensão extrafísica têm objetivos que são:

1) Reaprendizado de como viver e se manifestar nas dimensões extrafísicas;

2) Reaprendizado de como viver e se manifestar nas dimensões intrafísicas;

3) Planejamento e preparação da Orgaéxis;

4) Avaliação e planejamento de como sanar os carmas da Consciência;

5) Ajuda para realizar a 2° Dessoma para as Consciexes que não conseguiram descartar os seus Energossomas (corpo e-nergético);

6) Capacitar e treinar as Consciexes para realizar as práticas energéticas intensas e contínuas;

7) Ajudar as Consciexes a adquirir e desenvolver Potencialidades;

8) Ajudar as Consciexes a desenvolverem sua evolução consciencial;

Observações sobre o Período Intermissivo:

→ Os cursos realizados nas dimensões extrafísicas são ministrados por Consciexes evoluídas e especializadas em alguma área do conhecimento;

→ Os objetivos desses cursos é capacitar a Consciência para a ressoma, e a vida intrafísica, ajudar as Consciexes a adquirirem e desenvolverem potencialidades para serem aplicadas quando ressomarem;

→ A Preparação para a intrafisicalidade consiste no a-prendizado de como viver intrafisicamente (a Consciência aprende a utilizar o Soma de diferentes maneiras como: andar, sentar, deitar, falar, se expressar, respirar, mastigar os alimentos, beber líquidos, transar, dormir, lidar com os sentimentos e emoções, trabalhar com o futuro Energossoma e com as energias);

→ Existem dois cursos realizados na Dimensão Extrafísica durante o Período Intermissivo, que são:

1) Cursos Básicos:

Caio Mirabelli

Os cursos básicos têm como objetivos preparar a Consciência para a vida intrafísica e são compostos pelo estudo da Holossomática (controle e utilização dos veículos de manifestação da Consciência), estudo da Multiexistencialidade (ressomas que promovem as múltiplas existências na intrafisicalidade), estudo da Multidimensionalidade (as inúmeras dimensões existentes no cosmos que influenciam as Consciências na intrafisicalidade) e estudo da bioenergética (controle e aplicação das energias conscienciais).

2) Cursos Específicos:

Os cursos específicos têm como objetivos capacitar, qualificar, preparar e desenvolver de forma mentalsomática as Consciências e ajudá-las a adquirir uma potencialidade mentalsomática para ser aplicada e desenvolvida pela Consciência na intrafisicalidade.

Exemplo:

1) Alex concluiu o curso de medicina durante o período intermissivo, essa Consciência se graduou em medicina porque a programação de sua Orgaéxis exige que Alex assista várias Consciências enfermas utilizando a medicina.

Se essa Consciência cumprir essa orgaéxis durante a intrafisicalidade, desenvolverá sua evolução consciencial.

2) Francisco concluiu o curso de engenharia eletrônica durante o período intermissivo; essa Consciência se graduou em engenharia eletrônica porque a programação de sua Orgaéxis exige que Francisco desenvolva a tecnologia televisiva e radiofônica da sociedade intrafísica que ressomará.

As Consciências do UNIVERSO

Se essa Consciência cumprir essa Orgaéxis durante a intrafisicalidade, desenvolverá sua evolução consciencial.

Orgaéxis:

A Orgaéxis é a organização existencial da Consciência.

A Orgaéxis é a missão, programação que a Consciência, junto com a equipe extrafísica formada pelos Amparadores e Evoluciólogos, criam e planejam para ser executada e cumprida quando esta Consciência ressomar na dimensão intrafísica.

A Orgaéxis é composta por 4 fatores, que são: a missão a ser cumprida, o Egocarma, o Grupocarma e o Policarma, a serem sanados e resolvidos.

A Orgaéxis é dividida em processo preparatório e processo de execução.

O Processo Preparatório exige que a Consciência intrafísica (Conscin), concretize fatos que ajudarão a implantar e iniciar sua Orgaéxis na vida intrafísica.

O Processo Preparatório é iniciado quando a Conscin estabiliza o Soma (corpo físico), amadurece psicologicamente, se equilibra emocionalmente, estuda e se gradua em alguma profissão, conquista a independência financeira e material, estabelece uma relação afetiva e sexual madura e estável.

O Processo de Execução da Orgaéxis começa quando o processo preparatório é concluído, e tem como objetivo executar a Orgaéxis da Conscin.

Exemplo:

1) Eliana descobriu e lembrou que sua Orgaéxis é trabalhar com engenharia, então ela se gradua em engenharia, se especializa, começa a atuar no mercado de trabalho, cria e desenvolve inovações dentro da engenharia.

Observações:

Caio Mirabelli

→ A Conscin quando cumpre a sua Orgaéxis, sente euforin (euforia intrafísica), alegria, felicidade e sensação de dever cumprido.

→ A Conscin quando não evolui consciencialmente e não cumpre sua Orgaéxis, sente Melin (melancolia intrafísica), depressão, frustração, vazio interno, e a vida perde sentido.

→ Quando a Conscin não cumpre sua Orgaéxis, mas em contrapartida acelera e desenvolve sua evolução consciencial de outras maneiras, desperta dentro de si de maneira inconsciente uma felicidade e autoconfiança.

→ A Orgaéxis pode sofrer pequenas alterações nos casos em que a Conscin de maneira intencional ou não intencional, altera algum setor da sua vida intrafísica (vida sentimental, financeira, profissional, material, psicológica ou espiritual).

→ A Conscin tem três caminhos a escolher, que são: cumprir totalmente ou a maior parte de sua Orgaéxis, ou acelerar e desenvolver sua evolução consciencial, ou cumprir a Orgaéxis e também acelerar e desenvolver a sua evolução consciencial.

Perguntas:

1) Todas as Consciências Intrafísicas possuem Orgaéxis?

Resp: Não. Só possui Orgaéxis as Consciências que passaram pelo Período Intermissivo e que fizeram e participaram dos cursos extrafísicos.

2) É possível cumprir a Orgaéxis sem ter iniciado o processo preparatório?

Resp: Sim. Apesar do processo preparatório ser fundamental para a execução e cumprimento da Orgaéxis, a Conscin poderá obter êxito no cumprimento da Orgaéxis, caso ela tenha intenção, vontade, esforço pessoal, amparo extrafísico ou intrafísico e inicie o processo de execução.

3) Na Conscienciologia proposta pelo médium e pesquisador Waldo Vieira, como é chamada a Orgaéxis?

Resp: Na Conscienciologia proposta pelo Waldo Vieira, a Orgaéxis é chamada de Proéxis (Programação Existencial).

4) Religiosamente como é chamada a Orgaéxis?

Resp: Erroneamente as religiões chamam a Orgaéxis de Destino, como se a Orgaéxis não fosse uma organização, programação e missão, e sim uma vontade divina que será cumprida contra o seu livre-arbítrio, contra as suas vontades.

5) É necessário ter uma dupla evolutiva, uma namorada(o), noiva(o) ou marido e esposa, para se cumprir a Orgaéxis?

Resp: Não. Todos podem cumprir a Orgaéxis parcial ou totalmente sem um companheiro(a), mas o caminho mais fácil para se cumprir a Orgaéxis é tendo uma relação afetiva madura e estável.

Multiexistencialidade:

São as múltiplas existências intrafísicas de uma Consciência.

A Grande maioria das Consciências passa por este processo, e a cada existência intrafísica, a Consciência vive e se manifesta em um novo Soma, Cultura, País, Sexo, Grupos Sociais, Etnia, Mesologia e etc.

Exemplos:

1) Na atual vida intrafísica de Carlo, ele é Italiano, casado, empresário, pai de um filho, mora em Cosenza, de etnia branca. Na sua vida intrafísica passada, antes dele ressomar como Carlo, ele era Eustáquio, era Francês, casado, general, teve um filho, morava em Paris, também era de etnia branca.

2) Nível é Francesa, casada, dona de casa, tem um filho e reside em Marselha, é de etnia branca. Na sua vida intrafísica passada, Nívea era John, um norte-americano, solteiro, engenheiro, teve cinco filhos, residia em Miami e também era de etnia branca.

3) Camacho é Boliviano, solteiro, cocaleiro, sem filhos, reside em La Paz, de etnia indígena, na sua última vida intrafísica, ele era Gerson, brasileiro, solteiro, motorista, teve quatro filhos, residia no Rio Grande Do Sul e era de etnia branca.

4) Inácio é Brasileiro, solteiro, torneiro mecânico, pai de cinco filhos, reside em Manaus, de etnia negra, na sua última vida intrafísica, ele era Diego, Argentino, casado, advogado, não teve filhos, e residia em Puerto Iguaçu, e era de etnia branca.

5) Aline é Brasileira, solteira, arquiteta, sem filhos, reside em Brasília, de etnia branca, na sua vida intrafísica passada, ela era Eliane, Brasileira, casada, cozinheira, mãe de oito filhos, residia na Paraíba, de etnia morena.

Carma:

O Carma significa Causa e Efeito e faz parte da Orgaéxis da Consciência e deve ser sanado para que a Consciência possa acelerar e desenvolver a evolução consciencial.

Tudo o que nos acontece durante a vida intrafísica é o resultado de algo que fizemos em vidas intrafísicas passadas, por isto significa Causa e Efeito.

Tudo o que está acontecendo agora é o resultado direto de decisões que tomamos no passado, mesmo que não nos lembremos desses fatos.

Esta seguinte frase resume bem sobre o Carma: "Você colhe no presente o que plantou no passado"

Existem três tipos de Carma:

1) O Egocarma:

É um efeito negativo que a Consciência possui e precisa ser sanado ou transformado para efeito positivo, para que a Consciência acelere e desenvolva a evolução consciencial.

Esse efeito negativo é composto por trafares (traços fardos) ou dívidas cármicas, ambos adquiridos pela Consciência nas suas vidas intrafísicas passadas.

Exemplos de Trafares (Traços Fardos):

→ José é extremamente egocêntrico. Esta Conscin possui esse trafar, porque em vidas intrafísicas passadas, ele foi um rei poderoso que tinha todas as suas vontades e desejos realizados, além de ser diariamente louvado e adorado pela sua corte e pelo seu povo.

→ Marta é adúltera. Esta Conscin possui esse trafar, porque em vidas intrafísicas passadas, ela aprendeu a trair seus companheiros e se viciou nesta prática.

Exemplos de dívidas cármicas:

→ Mévio ressomou cego, ele nasceu com este defeito físico, porque na sua última vida intrafísica, ele era um soldado nazista que gostava de cegar com faca quente os prisioneiros Judeus dos campos de concentração.

Esse efeito negativo deve ser quitado, se não a Consciência terá dificuldades para acelerar e desenvolver a sua evolução consciencial.

O Grupocarma:

É uma pendência cármica que a Conscin tem com outras Consciências, e que se esta pendência cármica não for resolvida, a Consciência terá grandes dificuldades em acelerar e desenvolver a evolução consciencial.

Essas pendências são frutos de conflitos gerados com outras Consciências em vidas intrafísicas passadas que provocaram mágoas, tristezas, ódios, traumas, desequilíbrios nas Consciências que fazem parte da atual existência intrafísica de uma Conscin.

Caio Mirabelli

O Grupocarma é claramente percebido nas Consciências que convivem ao redor de uma Conscin.

Exemplos:

→ A atual família da Conscin;
→ Sucessivas famílias de vidas intrafísicas passadas;
→ Amigos;
→ Colegas de trabalho, da faculdade, do colégio;
→ Cônjuges, namorados(a), noivos(a).

Durante algumas ressomas, as Conscins que fazem parte de nosso Grupocarma, que tem atualmente grau de convivência conosco, já estiveram em diversos papéis em nossas vidas intrafísicas passadas.

Exemplos:

1) Antônio atualmente é pai de Marcos, em vidas intrafísicas passadas, eles eram irmãos;
2) Tício é pai de Elizete, mas em vidas intrafísicas passadas, eles eram marido e esposa;
3) Tereza é neta de Maria, mas em vidas intrafísicas passadas, elas foram amigas de infância;
4) Nívea é mãe de Carlo, mas em vidas intrafísicas passadas, eles também foram mãe e filho;

Observações do Grupocarma:

→ A Constituição do Grupocarma fundamenta-se nas ações e decisões tomadas em vidas intrafísicas passadas que nos mantém ligados a pessoas e contextos.
→ Quando esses conflitos cármicos são resolvidos, sanados e superados, as Consciências conectadas a essas pendências se entendem e se perdoam, então esse fato cármico chamado Grupocarma é dissolvido e revogado, e essas Consciências não

precisarão mais conviver juntas em outras vidas intrafísicas futuras.

Exemplo:

1) Mãe e Filha:

A) Uma aprende com a outra;

B) No passado, elas eram inimigas, nessa atual vida intrafísica vieram como mãe e filha para superarem brigas passadas e se entenderem.

Policarma:

É a pendência cármica que a Consciência tem com o seu Continente, País, Estado e Sociedade.

Essas pendências cármicas foram conflitos gerados pela Consciência em vidas intrafísicas passadas que prejudicaram um determinado lugar, território, ambiente (País, Estado, Município, Sociedade, Continente).

É positivo, necessário e evolutivo que o Policarma seja sanado e resolvido, para que a Consciência acelere e desenvolva a evolução consciencial e seu território intrafísico atual possa se desenvolver também.

Exemplos de Policarma:

1) Carlo ressomou na França com o objetivo de alterar e melhorar o Holopensene Francês que ele em ressomas passadas ajudou a prejudicar com suas guerras e homicídios praticado no solo Francês.

2) Roger ressomou no Brasil, com o intuito de desenvolver projetos ambientais, realizar aulas e palestras sobre preservação ambiental e proteger o ecossistema deste País, que em vidas intrafísicas passadas, essa mesma Consciência ajudou a destruir.

Caio Mirabelli

3) Alencar ressomou em Angola, com o objetivo de desenvolver o sistema educacional daquele País, que em ressomas passadas ajudou a prejudicar.

4) Rodrigues ressomou no Haiti, com o objetivo de desenvolver a saúde pública desse País, que em ressomas passadas ajudou a prejudicar.

Estados Conscienciais:

Os Estados Conscienciais são as formas que a Consciência se manifesta.

As formas de manifestação são:

1) Intrafísico:

A Consciência se manifesta nas dimensões intrafísicas por meio do Soma (corpo físico), tem dificuldades de materializar seus Pensenes, porque está encaixado num corpo denso.

Quando essa Consciência se manifesta e vive nas dimensões intrafísicas, ela exterioriza os comandos do Mentalsoma que passa pelo Psicossoma que utiliza o Energossoma para dirigir e dominar o Soma.

Essa Consciência é conhecida como Conscin (Consciência Intrafísica).

2) Extrafísico:

A Consciência se manifesta nas dimensões extrafísicas por meio do Psicossoma, tem facilidade de materializar seus Pensenes, volita (voa), tem facilidade de absorver, manipular e exteriorizar energias, se desloca com celeridade (rapidez) para qualquer tipo de ambiente.

Essa Consciência é conhecida como Consciex (Consciência Extrafísica), e se manifesta somente de Mentalsoma e Psicossoma.

3) Projetado:

Essa forma de manifestação ocorre quando a Conscin pratica a Projeção Consciencial, ou seja, a Consciência sai do soma e se manifesta de Psicossoma com o intuito de acelerar sua evolução Consciencial, se auto-conhecer e estudar a Multidimensionalidade, a Multiexistencialidade, a Holossomática (estudo dos veículos de manifestação da consciência) e o Período Intermissivo.

Projeção Consciencial religiosamente e misticamente é chamada de Projeção Astral, Viagem Astral, Desdobramento, Saída do Corpo Físico.

4) Livre:

Essa forma de manifestação ocorre quando a Consciência pratica a Projeção Mentalsomática, ou seja: a Consciência sai do Psicossoma e se manifesta de Mentalsoma com o objetivo de acelerar sua evolução Consciencial, se auto-conhecer e estudar a Multidimensionalidade, a Multiexistencialidade, a Holossomática (estudo dos veículos de manifestação da consciência), o Período Intermissivo, e as dimensões extrafísicas altamente evoluídas.

Essa forma de manifestação também ocorre quando a Consciência de tanto se desenvolver e evoluir consciencialmente, alcança o nível de Consciência Livre, ou seja: quando se chega neste avançado nível evolutivo, a Consciência não precisa mais ressomar nas dimensões intrafísicas, não possui mais Soma (corpo físico), Energossoma (corpo energético) e seu Psicossoma (corpo emocional) se fundi com o Mentalsoma (corpo mental) tornando-se um só corpo, um só veículo de manifestação.

A Consciência Livre se manifesta e vive nas dimensões extrafísicas altamente avançadas e mentalsomáticas.

Trafores:

São os traços fortes da Consciência.

Os Trafores são compostos pelas qualidades e potencialidades da Consciência.

As Qualidades e Potencialidades que a Consciência adquiriu e desenvolveu se utilizadas de forma inteligente e cosmoética impulsionam o desenvolvimento da evolução consciencial.

Exemplos de Trafores:

- Qualidades

  1) José é muito alegre;

  2) Maria é sincera;

  3) Francisco é humilde;

  4) Antônio é receptivo;

  5) Joel é generoso;

- Potencialidades

  1) Gustavo é especialista em Basquete;

  2) Marcos é especialista em Direito;

  3) Júnior é especializado em Futebol;

  4) César é um excelente Jornalista;

  5) Borges é especialista em Natação;

Trafares:

São os traços fardos da Consciência.

Os Trafares são compostos pelos Defeitos da Consciência.

Os Defeitos da Consciência impedem o desenvolvimento da evolução consciencial.

Exemplos de Trafares:

• Defeitos

1) Rodrigo é impontual, incapaz de cumprir corretamente seus compromissos profissionais;

2) Ribamar é tabagista;

3) Tício é cobiçador;

4) Mévio é adúltero;

5) Gerson é mentiroso;

Assistência:

A Assistência é a prática que possibilita o desenvolvimento da evolução consciencial da Consciência.

A Assistência se divide em Tacon (Consolação) e Tares (Esclarecimento).

Tacon:

Caio Mirabelli

Tacon é a Tarefa da Consolação, ou seja: são trabalhos assistenciais que desenvolvem e aceleram a evolução consciencial das Consciências utilizando a Consolação.

Quando a Tacon é aplicada, desenvolve-se a evolução consciencial da Consciência que está prestando a assistência e da Consciência que está sendo assistida.

Exemplos da aplicação da Tacon:

1) Dar um prato de comida a um mendigo.

Neste exemplo, a Consciência que alimentou o mendigo, praticou um ato que alinhou seu Holochacra e o desenvolveu, porque recebeu pensenes positivos de seu Amparador, que lhe premiou por causa da Tacon que praticou.

Por ter seu Holochacra desenvolvido a Consciência que praticou a caridade acabou desenvolvendo sua evolução consciencial, e o mendigo que se alimentou, satisfez a fome, equilibrou o seu organismo e automaticamente alinhou e desenvolveu seu Holochacra que desenvolveu sua evolução consciencial.

2) Curar uma pessoa que está doente.

Neste caso, a Conscin que efetuou a cura praticou um ato energético que provocou alinhamento e desenvolvimento de seu Holochacra que desenvolveu sua evolução consciencial, e a Conscin que estava enferma, além de ter sido curada, teve como benefício o alinhamento, e o desenvolvimento de seu Holochacra provocado pelos pensenes positivos de cura exteriorizados pela Conscin que lhe curou.

3) Doar roupas ao Necessitado.

Neste caso, a Conscin que doou roupas para o necessitado praticou um ato físico que alinhou seu Holochacra e recebeu pensenes positivos de seu Amparador, que possibilitou o desenvolvimento de seu Holochacra que desenvolveu sua evolução consciencial.

E o necessitado que ganhou roupas, vai se aquecer do frio, terá sua autoestima elevada, provocando a diminuição da depressão, equilíbrio emocional, alinhamento e desenvolvimento do seu Holochacra e de sua evolução consciencial.

4) Dar apoio psicológico a uma Conscin depressiva.

Neste exemplo, a Conscin que prestou assistência psicológica praticou um ato que desenvolveu a sua sensibilidade energética, os seus sentidos (visão, audição, olfato e tato), que alinhou seu Holochacra e recebeu pensenes positivos de seu Amparador, que possibilitou o desenvolvimento de seu Holochacra, que desenvolveu sua evolução consciencial. E a Conscin que foi assistida psicologicamente, superou suas frustrações e depressões, equilibrando sua mente e provocando alinhamento e desenvolvimento de seu Holochacra que desenvolveu sua evolução consciencial.

5) Promover Desassédios.

Neste exemplo, a Conscin que promoveu a libertação espiritual da Conscin assediada, praticou um ato energético que alinhou e desenvolveu seu Holochacra e promoveu o desenvolvimento de sua evolução consciencial.

E a Conscin que obteve o desassédio deixou de ser sugada energeticamente, teve o equilíbrio energético e emocional restaurado, seu Holochacra foi alinhado e desenvolvido, porque os pensenes positivos de libertação espiritual que recebeu desenvolveram seus Chacras e sua evolução consciencial.

Observações sobre a Tacon:

→ Praticar a Tacon é suprir necessidades básicas de sobrevivência do seu próximo, é oferecer um ombro para la-

Caio Mirabelli

mentações. A Tacon não atua na origem do problema, mas atua nos sintomas desse problema, e o resolve temporariamente e em outros casos definitivamente.

Tares:

A Tares é a Tarefa do Esclarecimento.

São trabalhos assistenciais que desenvolvem e aceleram a evolução consciencial das Consciências, usando o esclarecimento. Quando a Tares é aplicada, desenvolve-se a evolução consciencial da Consciência que está prestando a assistência e da Consciência que está sendo assistida.

Exemplos:

1) Ensine História aos seus alunos:

Neste caso, a Conscin educadora evoluiu consciencialmente porque o ato físico de ensinar, desenvolveu sua atenção, concentração, alinhou e desenvolveu seu Holochacra e a especializou em História, e as Conscins alunas evoluíram consciencialmente, porque o ato de prestar atenção aos ensinamentos transmitidos alinhou e desenvolveu o Holochacra, a atenção, a concentração, aprenderam História e entenderam o que gerou os problemas de seu País.

2) Promova Debates Políticos:

Neste exemplo, as Consciências se esclarecem sobre o processo político de sua sociedade e se especializam em política, apontam como solucionar e prevenir os problemas sociais, além de desenvolverem a atenção, a concentração, a comunicação, o intelecto, o Holochacra e a evolução consciencial.

Observações sobre a Tares

→ Praticar a Tares é buscar fazer luz sobre a origem das dificuldades, é estimular o discernimento, o autoconhecimento, a autocrítica, a reflexão, e o raciocínio lógico de seu semelhante. A prática da Tares patrocina reciclagens de vida mais profundas.

Processo evolutivo da Egoevolução:

É o processo evolutivo que somente uma Consciência participa, se desenvolve, e acelera sua evolução consciencial.

Exemplos:

1) Quando uma Conscin medita ao ar livre;

2) Quando uma Conscin escreve um livro sozinha, sem receber ajuda ou inspirações de terceiros;

3) Quando uma Conscin trabalha intensamente os seus Chacras;

4) Quando uma Consciex absorve Hidroenergia (energias imanentes das águas) do mar;

5) Quando uma Consciex absorve Fitoenergia (energias i-manentes das Plantas) de uma árvore;

6) Quando uma Consciex exterioriza Pensenes positivos para uma planta;

Processo evolutivo da Polievolução:

É o processo evolutivo que participam duas ou mais Consciências em que ambas se desenvolvem e aceleram a evolução consciencial.

Caio Mirabelli

Exemplos:

1) Quando uma Conscin exterioriza pensenes positivos para outra Conscin, ou seja: para esse fato ocorrer foi necessário que a Conscin que exteriorizou esses pensenes alinhasse e desenvolvesse o seu Holochacra para então conseguir doar energias, e a Conscin que absorveu essas energias doadas teve seu holopensene individual limpo, seu Holochacra alinhado e desenvolvido, possibilitando um pouco o crescimento de seu nível evolutivo.

Neste exemplo, duas Consciências participaram do mesmo processo e ambas desenvolveram seu nível evolutivo. Então é um processo evolutivo da Polievolução.

2) Quando uma Conscin exterioriza pensenes positivos para uma Consciex.

3) Quando uma Conscin ora e recebe pensenes positivos de seu Amparador.

4) Quando uma Conscin medita e recebe pensenes positivos de seu Amparador.

5) Quando uma Conscin escreve um livro e recebe inspirações positivas de seu Amparador.

6) Quando uma Consciex exterioriza pensenes positivos para outra Consciex.

Cosmoética:

As Consciências do UNIVERSO

É a ética cósmica, que está acima de todos os variados códigos de moral dos diferentes povos e culturas.

É uma forma de pensar, agir, viver, que orienta as Consciências sobre como conviver e evoluir de forma positiva, perante seu Egocarma, Grupocarma e Policarma.

Ser Cosmoético é saber se relacionar positivamente com todos os tipos de Consciências, é utilizar e manipular as energias de forma assistencial, é estar em equilíbrio com a natureza, o planeta e a própria humanidade.

Exemplos de Consciências Cosmoéticas:

1) Uma Consciência Cosmoética cuida, protege e não maltrata os animais;

2) Uma Consciência Cosmoética cuida, protege e assiste as crianças e idosos;

3) Uma Consciência Cosmoética cuida, protege e preserva a Natureza;

4) Uma Consciência Cosmoética não promove brigas e confusões;

5) Uma Consciência Cosmoética preserva o bem público, e respeita o dinheiro do contribuinte;

6) Uma Consciência Cosmoética cuida da saúde intrafísica e se alimenta de forma saudável;

7) Uma Consciência Cosmoética pratica assistências diariamente;

8) Uma Consciência Cosmoética não pratica fornicação;

9) Uma Consciência Cosmoética não pratica adultério;

10) Uma Consciência Cosmoética não comete crimes;

11) Uma Consciência Cosmoética não pratica a mentira e o engano;

12) Uma Consciência Cosmoética não cobiça os bens do seu próximo;

13) Uma Consciência Cosmoética possui gratidão e ajuda a quem sempre lhe assistiu;

Caio Mirabelli

14) Uma Consciência Cosmoética pratica a Tacon (Tarefa da Consolação);

15) Uma Consciência Cosmoética pratica a Tares (Tarefa do Esclarecimento).

Evolução Consciencial:

É o processo de maturidade da Consciência em que se adquire e desenvolve o discernimento, a lucidez, a maturidade, o autodomínio das emoções, o autodomínio energético, a mansidão, a sabedoria, o autoconhecimento, o reconhecimento de si próprio como agente catalisador da evolução de todos, a organização racional das próprias ideias, desenvolvimento e ampliação do nível de originalidade do seu trabalho pessoal, vivências de sentimentos e emoções racionalizados, obtenção de um nível máximo de desobsessão, as potencialidades.

Quanto mais rápido se desenvolve a evolução consciencial, melhor será a vida e a qualidade de vida das Consciências.

Religiosamente e misticamente a Evolução Consciencial é chamada de Evolução Espiritual.

Como evoluir consciencialmente:

1) Adquira e desenvolva a Maturidade;

2) Adquira e desenvolva o Discernimento;

3) Adquira e desenvolva a Lucidez;

4) Adquira e desenvolva as Potencialidades Anímicas;

5) Adquira e desenvolva as Potencialidades Parapsíquicas;

6) Adquira e desenvolva a Conexão energética com Deus;

7) Adquira e desenvolva a Conexão energética com o Universo;

8) Adquira e desenvolva a Conexão energética com as Consciências evoluídas como os Amparadores, Evoluciólogos e os Serenões.

9) Inicie o processo de Autoconhecimento;

10) Trabalhe de forma saudável com os cincos sentidos que são a Visão, Audição, Olfato, Tato e Paladar;

11) Evite ao máximo cometer ações anticosmoéticas, o pecado e a iniquidade;

12) Pratique a Tacon (Tarefa da Consolação);

13) Pratique a Tares (Tarefa do Esclarecimento);

14) Pratique o processo evolutivo da Egoevolução;

15) Pratique o processo evolutivo da Polievolução;

16) Trabalhe energeticamente com Consciências evoluídas;

17) Pratique técnicas energéticas que ativam, alinham e desenvolvem o Holochacra;

18) Absorva as energias imanentes;

19) Absorva os Pensenes positivos;

20) Produza e exteriorize Pensenes positivos;

21) Adquira e desenvolva a Inteligência;

22) Adquira e desenvolva o Pensamento crítico;

23) Desenvolva seus Trafores (Traços Fortes, Qualidades e Potencialidades da Consciência);

24) Diminua ou dissipe seus Trafares (Traços Fardos, Defeitos da Consciência);

25) Ame e ajude a si próprio;

26) Ame ao próximo como a ti mesmo;

27) Adquira e desenvolva o auto-domínio das emoções;

28) Preserve o meio-ambiente;

29) Seja legalista, respeite e cumpra as leis que sejam Cosmoéticas;

30) Respeite seus Ascendentes e seus Descendentes;

31) Respeite as autoridades políticas e religiosas de todo o Planeta;

32) Seja Universalista;

33) Seja um especialista na sua profissão;

34) Seja um grande pai ou uma grande mãe;

35) Seja o melhor empregado do seu trabalho;

36) Pratique diariamente a Tenepes (Tarefa energética pessoal);

37) Pratique e desenvolva a escrita;
38) Pratique e desenvolva a leitura;
39) Pratique e desenvolva a comunicação oral;
40) Promova discussões e debates filosóficos com Consciências mais evoluídas do que você;
41) Pratique diariamente exercícios físicos;
42) Pratique diariamente esportes;
43) Tenha uma alimentação saudável;
44) Faça meditações diariamente;
45) Faça sessões de acupuntura;
46) Faça Orações;
47) Faça Rezas;
48) Faça Preces;
49) Escreva livros, artigos ou textos que sejam de assuntos importantes para a Humanidade;
50) Viaje mais, conheça novas pessoas, culturas e civilizações;
51) Frequente mais vezes os ambientes naturais, como as praias, lagoas, lagos, cachoeiras. Esses ambientes são grandes produtores de energias imanentes.
52) Não fume;
53) Não beba excessivamente bebidas alcoólicas;
54) Não use Drogas;
55) Estude mais e sempre;
56) Cumpra a Orgaéxis;
57) Utilize as vantagens que o Megacorpo oferece;
58) Trabalhe intensamente;
59) Tenha mais momentos de lazer e diversão;
60) Tenha uma Personalidade Forte;
61) Agradeça a Deus e ao Universo, pelos objetivos e desejos realizados;
62) Desenvolva a Atenção, a Autodeterminação e a Concentração;
63) Estude, pesquise e desperte para a Multidimensionalidade;

64) Estude, pesquise e desperte para a Multiexistencialidade;

65) Estude e pesquise a Holossomática;

66) Desprenda-se emocionalmente de bens antigos e desativados;

67) Desprenda-se emocionalmente e esqueça definitivamente de Pensamentos, Emoções, Sentimentos, Eventos, Lembranças e Fatos Negativos do passado e do presente;

68) Evite ao máximo ver noticiários sobre tragédias, guerras, desgraças, ou eventos negativos de qualquer gênero, porque esses tipos de notícias abalam e desequilibram energeticamente qualquer Consciência;

69) Procure um Psicólogo sempre que tiver dificuldades de superar traumas e frustrações ou quando tiver grandes dificuldades de iniciar o processo de autoconhecimento, porque este tipo de profissional saberá te assistir com equilíbrio e eficiência;

70) Se tiver dificuldades de fazer trabalhos energéticos, utilize ferramentas para se conseguir mobilizar energias e desenvolver sua evolução consciencial;

Exemplos de ferramentas evolutivas:

A) O Conhecimento;

B) A Caridade;

C) A Religião;

D) O Esporte;

E) O Exercício Físico

F) Muletas (Sal Grosso, Azeite Ungido, óleo de Dendê, Vinho Ungido, Água Benta, Incensos, Orações, Rezas, Meditações, a Respiração);

Muletas é todo objeto ou prática que ativa, alinha e desenvolve o Holochacra da Conscin e acelera e desenvolve a evolução consciencial;

Caio Mirabelli

Explicando os benefícios evolutivos da Evolução Consciencial:

1) Alívio ou Remissão de enfermidades físicas:

Quando a Conscin (Consciência Intrafísica) evolui consciencialmente, mais ela desenvolve o Holochacra, o domínio energético e limpa seu Holopensene Individual.

Este fato provoca a dissipação de doenças fisiológicas provocadas pela falta de higiene, má alimentação, sedentarismo, tabagismo, uso de drogas, desequilíbrios emocionais e desalinhamentos energéticos.

O Desenvolvimento do Holochacra, o domínio das energias e a limpeza do Holopensene Individual também proporcionam a dissipação de Omegapensenes que são pensenes gerados pelos traumas físicos de ferimentos de morte de vidas passadas e que estão grudados no Psicossoma dessa Conscin, e são responsáveis pela produção de doenças e enfermidades físicas.

2) Superação de Traumas e Fobias:

Quando a Conscin (Consciência Intrafísica) evolui consciencialmente, ela desenvolve o Holochacra, domina as energias, limpa seu Holopensene Individual, e adquire Potencialidades que serão usadas para dissipar Traumatopensenes (traumas psicológicos ou emocionais de vidas intrafísicas passadas e que estão grudados no paracérebro da Conscin)

Paracérebro = psicossoma.

Os Traumatopensenes provocam o surgimento de traumas psicológicos, emocionais, medos e fobias na atual vida intrafísica de uma Conscin.

3) Melhoria das Relações Interpessoais:

As Consciências do UNIVERSO

A Conscin (Consciência Intrafísica) quando evolui consciencialmente adquire lucidez, discernimento, maturidade, mansidão, autodomínio emocional e sentimentos racionalizados. Todas essas qualidades possibilitam a prevenção de novos conflitos, a superação de conflitos existentes e a convivialidade sadia.

4) Autoconhecimento Multiexistencial:

A Conscin quanto mais desenvolve sua evolução consciencial, mais retrocognições ela terá, e este fato esclarece para esta Consciência a sua Orgaéxis, seus tipos de carma (egocarma, grupocarma e policarma), seus Trafores e Trafares, suas vidas intrafísicas passadas e suas vivências durante o Período Intermissivo.

A Conscin que evolui consciencialmente se conhece cada vez mais, sabe como desenvolver sua evolução, tem ciência de que é um ser multidimensional, multiexistencial, holossomático e sabe como evitar cometer os mesmos erros praticados em vidas passadas.

Observações:

A) Ser Multidimensional, é a Consciência que se manifesta em várias dimensões.

B) Ser Multiexistencial, é a Consciência que teve várias existências, várias ressomas.

C) Ser Holossomático, é a Consciência que possui vários veículos de manifestação, vários corpos.

D) Reciclagem Intraconsciencial

Caio Mirabelli

Quando a Conscin evolui consciencialmente, ela desenvolve o processo de autoconhecimento, entende e percebe melhor seus erros e defeitos, e tem a facilidade de revogá-los e evitá-los tomando novas atitudes.

1) Saneamento do Grupocarma:

A Conscin que evolui consciencialmente, entende, compreende e lembra das razões que fizeram determinadas Consciências fazerem parte do seu Grupocarma, e com isso ela patrocina o saneamento do seu Grupocarma.

2) Entendimento da Presente Seriéxis

Quando a Conscin evolui consciencialmente, ela adquire o entendimento, o esclarecimento dos reais motivos que a fizeram ressomar nesta dimensão intrafísica e compreende totalmente a sua Orgaéxis.

3) Expansão do Universalismo

Quando a Conscin evolui consciencialmente, ela desenvolve uma visão avançada, cosmoética e mentalsomática da realidade. Essa visão avançada se chama Universalismo e é por esta visão que a Consciência supera preconceitos, ódios raciais e de classe e o sectarismo.

O Universalismo promove o abertismo consciencial, que faz a Consciência estudar, pesquisar, debater, refletir todos os temas, sem julgar, sem debochar dos seus objetos de estudo e pesquisa.

4) Amadurecimento Consciencial:

A Conscin quando evolui consciencialmente, desenvolve o Holochacra, amadurece energeticamente (domina as energias), amadurece neurologicamente, amadurece emocionalmente, amadurece o

Mentalsoma e atua cada vez mais com a Tares (Tarefa do Esclarecimento) quando pratica a assistência nas dimensões intrafísicas e extrafísicas.

5) Aquisição e Desenvolvimento de Potencialidades:

Quanto mais a Conscin (Consciência Intrafísica) evolui consciencialmente, mais potencialidades anímicas e potencialidades parapsíquicas ela adquirirá e desenvolverá.

Os fatores que impedem o desenvolvimento da Evolução Consciencial:

1) Trafares Fortes da Consciência:

Cada Consciência possui Trafores e Trafares, e o desenvolvimento desses Trafares impede o desenvolvimento da evolutividade dessa Consciência.

2) Trafares Provenientes dos Signos:

Todo Signo possui Qualidades, Potencialidades e Defeitos. Cada Signo transmite Trafores (Traços Fortes/Qualidades e Potencialidades) e Trafares (Traços Fardos/Defeitos) para a Consciência que atualmente é regida por ele.

3) Agressividade Exacerbada:

A Agressividade exacerbada prejudica o desenvolvimento da evolução consciencial, porque provoca o desalinhamento do Holochacra, a exteriorização de Pensenes negativos, a alteração negativa do Holopensene Individual, o desequilíbrio orgânico, o desequilíbrio emocional, o enfraquecimento do sistema imunológico, a aceleração do processo de envelhecimento dos órgãos, a atração

Caio Mirabelli

de Assediadores, o afastamento dos Amparadores e o enfraquecimento da conexão energética com o Universo.

4) Ansiedade:

A Ansiedade prejudica o desenvolvimento da evolução consciencial porque provoca o desalinhamento do Holochacra, a exteriorização de Pensenes negativos, a alteração negativa do Holopensene Individual, o desequilíbrio orgânico, o desequilíbrio emocional, o enfraquecimento do sistema imunológico, a aceleração do processo de envelhecimento dos órgãos, a atração de Assediadores, o afastamento dos Amparadores e o enfraquecimento da conexão energética com o Universo.

5) Obesidade:

A Obesidade prejudica o desenvolvimento da evolução consciencial porque provoca o desalinhamento do Holochacra, a exteriorização de Pensenes negativos, a alteração negativa do Holopensene Individual, o desequilíbrio orgânico, o desequilíbrio emocional, o enfraquecimento do sistema imunológico, a aceleração do processo de envelhecimento dos órgãos, o entupimento das artérias e veias que prejudicam o sistema circulatório, a atração de Assediadores, o afastamento dos Amparadores e o enfraquecimento da conexão energética com o Universo.

6) Alcoolismo:

O Alcoolismo prejudica o desenvolvimento da evolução consciencial porque provoca o desalinhamento do Holochacra, a exteriorização de Pensenes negativos, a alteração negativa do Holopensene Individual, o desequilíbrio orgânico, o desequilíbrio emocional, o enfraquecimento do sistema imunológico, a aceleração do processo de envelhecimento dos órgãos, a destruição do sistema neurológico, a atração de Assediadores, o afastamento dos

Amparadores e o enfraquecimento da conexão energética com o Universo.

7) Sedentarismo:

A Conscin que não se exercita fisicamente e não pratica esportes perde a chance de desenvolver os seus Chacras e o Sedentarismo prejudica o desenvolvimento da evolução consciencial, porque provoca o desalinhamento do Holochacra, a exteriorização de Pensenes negativos, a alteração negativa do Holopensene Individual, o desequilíbrio orgânico, o desequilíbrio emocional, o enfraquecimento do sistema imunológico, a aceleração do processo de envelhecimento dos órgãos, a atração de Assediadores, o afastamento dos Amparadores e o enfraquecimento da conexão energética com o Universo.

8) Tabagismo:

O Tabagismo prejudica o desenvolvimento da evolução consciencial porque provoca o desalinhamento do Holochacra, a exteriorização de Pensenes negativos, a alteração negativa do Holopensene Individual, o desequilíbrio orgânico, o desequilíbrio emocional, o enfraquecimento do sistema imunológico, a destruição dos pulmões, a aceleração do processo de envelhecimento dos órgãos, a atração de Assediadores, o afastamento dos Amparadores e o enfraquecimento da conexão energética com o Universo.

9) Rapports Energéticos Negativos:

Quando a Conscin se conecta energeticamente de forma involuntária ou voluntária com Pensenes ou Holopensenes negativos, ela absorve essas energias patológicas que prejudicam o desenvolvimento da sua evolução consciencial, porque provoca o desalinhamento do Holochacra, a exteriorização de Pensenes negativos, a alteração negativa do Holopensene Individual, o desequilíbrio orgânico, o desequilíbrio emocional, o enfraquecimento do sistema

Caio Mirabelli

imunológico, a aceleração do processo de envelhecimento dos órgãos, a atração de Assediadores, o afastamento dos Amparadores e o enfraquecimento da conexão energética com o Universo.

10) Mau Estímulo de Evocações Sensoriais:

O Mau Estímulo de Evocações Sensoriais é toda agressão ao Soma (Corpo Físico), o dolorindo, o queimando, o machucando ou o rasgando com perfurações de facas, piercins, corpos estranhos, tatuagens ou qualquer tipo de agressão ao Soma.

Este fato de agressão ao Soma prejudica o desenvolvimento da evolução consciencial porque provoca o desalinhamento do Holochacra, a exteriorização de Pensenes negativos, a alteração negativa do Holopensene Individual, o desequilíbrio orgânico, o desequilíbrio emocional, o enfraquecimento do sistema imunológico, a aceleração do processo de envelhecimento dos órgãos, a atração de Assediadores, o afastamento dos Amparadores e o enfraquecimento da conexão energética com o Universo.

11) Má Alimentação:

A Má Alimentação é a ausência de frutas, verduras e legumes na dieta e o excessivo consumo de gorduras saturadas e produtos industrializados.

Este fato prejudica o desenvolvimento da evolução consciencial porque provoca o desalinhamento do Holochacra, a exteriorização de Pensenes negativos, a alteração negativa do Holopensene Individual, o desequilíbrio orgânico, o desequilíbrio emocional, o enfraquecimento do sistema imunológico, a aceleração do processo de envelhecimento dos órgãos, a atração de Assediadores, o afastamento dos Amparadores e o enfraquecimento da conexão energética com o Universo.

12) Uso de Drogas:

As Consciências do UNIVERSO

O Uso de Drogas prejudica o desenvolvimento da evolução consciencial porque provoca o desalinhamento do Holochacra, a exteriorização de Pensenes negativos, a alteração negativa do Holopensene Individual, o desequilíbrio orgânico, o desequilíbrio emocional, o enfraquecimento do sistema imunológico, a aceleração do processo de envelhecimento dos órgãos, a destruição do sistema nervoso, a atração de Assediadores, o afastamento dos Amparadores e o enfraquecimento da conexão energética com o Universo.

13) Bloqueios Energéticos:

A Conscin utiliza o Mentalsoma para comandar o Soma.

Os comandos são realizados pelos pensenes produzidos e exteriorizados pelo Mentalsoma, que passa pelo Psicossoma e que quando chega no Energossoma é exteriorizado pelo Holochacra que finalmente chega ao Soma.

O Energossoma faz a interface entre o Psicossoma e o Soma.

Se alguns Chacras estiverem bloqueados, a Conscin terá seu Holochacra desalinhado, exteriorizará Pensenes negativos, o Holopensene Individual será alterado negativamente, ocorrerá o desequilíbrio orgânico, o desequilíbrio emocional, o enfraquecimento do sistema imunológico, a aceleração do processo de envelhecimento dos órgãos, a atração de Assediadores, o afastamento dos Amparadores e o enfraquecimento da conexão energética com o Universo.

O Que bloqueia algum Chacra são os pensenes negativos ou patológicos (carga energética-emocional) que a própria Conscin produz e exterioriza sobre seu Energossoma.

14) Cicatrizes Retropsíquicas:

As Cicatrizes retropsíquicas consistem em Omegapensenes e Traumatopensenes gerados em vidas intrafísicas passadas que estão acoplados no Psicossoma da Conscin.

Caio Mirabelli

Quando essa Consciência ressoma, o Psicossoma reproduz o pensene patológico, produzido em vidas intrafísicas passadas, no novo Soma adquirido pela Consciência que dessomou (morreu) de maneira traumática.

Se essa Consciência não dissipar esses penses patológicos gravados no seu Psicossoma, terá sérias dificuldades para evoluir consciencialmente e desenvolverá doenças físicas e desequilíbrios emocionais e energéticos.

Observações:

A) Omegapensenes:

São penses gerados pelo trauma de ferimentos de morte (dessoma) de vidas intrafísicas passadas e que estão acoplados no Psicossoma da Conscin, são responsáveis pelas deficiências e enfermidades físicas dessa Conscin.

B) Traumatopensenes:

São penses gerados pelos traumas psicológicos ou emocionais de vidas intrafísicas passadas e que estão acoplados no Paracérebro da Conscin.

Muitos traumas e fobias que ocorrem nas Conscins são provenientes desses Traumatopensenes.

1) Repressões:

São bloqueios inconscientes de certas memórias traumáticas da atual vida intrafísica e de outras vidas intrafísicas passadas da Consciência.

Esses bloqueios inconscientes devem ser revogados e essas memórias traumáticas devem ser Lembradas, enfrentadas e dissipadas do Paracérebro da Conscin, se isso não acontecer, essa Conscin continuará desequilibrada emocionalmente e energeticamente, impedindo o desenvolvimento de sua evolução consciencial.

As Consciências do UNIVERSO

Enquanto esses pensenes traumáticos e negativos permanecerem gravados no Psicossoma da Conscin, ela sempre estará desalinhada energeticamente e atrairá bastante Assediadores para a sua Psicosfera (campo energético).

Megacorpo:

Os Megacorpos são os atributos vantajosos do corpo físico (Soma) que facilitam o cumprimento da Orgaéxis e o desenvolvimento da evolução consciencial. Algumas características dos Megacorpos mais percebidas pela sociedade intrafísica são:

1) Excelente memória intrafísica;
2) Coordenação motora perfeita;
3) Grande altura intrafísica;
4) Corpo físico com grande estrutura muscular;
5) Sistema imunológico forte e resistente a infecções;
6) Predisposição a ectoplasmia;
7) Facilidade de fazer projeções conscienciais;

Exemplos:

A) José nasceu com um Soma (Corpo Físico) forte e resistente para cumprir sua Orgaéxis, que é trabalhar construindo imóveis (casas, apartamentos e etc);

B) Reinaldo nasceu com uma coordenação motora desenvolvida para cumprir sua Orgaéxis, que é ser um excelente jogador de futebol;

C) Juscelino nasceu com o sistema imunológico forte e resistente a infecções para cumprir sua Orgaéxis, que é ser um médico sanitarista, que atue nos ambientes mais enfermos e contagiosos do Planeta;

Potencialidades:

Caio Mirabelli

Potencialidades = Habilidades, Dons, Especialidades.

1) Intelectuais

1.1) Especialização em Química;
1.2) Especialização em Física;
1.3) Especialização em Matemática;
1.4) Especialização em Contabilidade;
1.5) Especialização em Administração;
1.6) Especialização em História;
1.7) Especialização em Geografia;
1.8) Especialização em Geometria;
1.9) Especialização em Biologia;
2.0) Especialização em Bioquímica;
2.1) Especialização em Medicina;
2.2) Especialização em Enfermagem;
2.3) Especialização em Informática;
2.4) Especialização em Psicologia;
2.5) Especialização em Psiquiatria;
2.6) Especialização em Psicoterapia;
2.7) Especialização em Ciências Políticas;
2.8) Especialização em Filosofia;
2.9) Especialização em Religião;
3.0) Especialização em Educação Física;
3.1) Especialização em Odontologia;
3.2) Especialização em Patologia;
3.3) Especialização em Letras;
3.4) Especialização em Arquitetura;
3.5) Especialização em Urbanismo;
3.6) Especialização em Engenharia;
3.7) Especialização em Ambientalismo;
3.8) Especialização em Direito;
3.9) Especialização em Robótica;
4.0) Especialização em Lógica;

4.1) Especialização em Farmácia;
4.2) Especialização em Jornalismo;
4.3) Especialização em Publicidade;
4.4) Especialização em Marketing;
4.5) Especialização em Veterinária;
4.6) Especialização em Agronomia;
4.7) Especialização em Nanotecnologia;
4.8) Especialização em Artes;
4.9) Especialização em Antropologia;
5.0) Especialização em Arqueologia.

Potencialidades:

Potencialidades = Habilidades, Dons, Especialidades.

1) Trabalhos Manuais

1.1) Especialização em Tricô;
1.2) Especialização em Artesanato;
1.3) Especialização em Pintura;
1.4) Especialização em Cerâmica;
1.5) Especialização em Tatuagem;
1.6) Especialização em Gastronomia;
1.7) Especialização em Desenho;
1.8) Especialização em Escrita;
1.9) Especialização em Ordenhar Rebanhos;
2.0) Especialização em Catar Objetos Recicláveis;
2.1) Especialização em Dirigir Veículos Automotores;
2.2) Especialização em Mecânica;
2.3) Especialização em Cirurgia;
2.4) Especialização em Tapeçaria;
2.5) Especialização em Crochet;

Potencialidades:

Caio Mirabelli

Potencialidades = Habilidades, Dons, Especialidades.

1) Trabalhos Técnicos

1.1) Especialização em Técnico de Enfermagem;
1.2) Especialização em Técnico de Informática;
1.3) Especialização em Técnico de Radiologia;
1.4) Especialização em Técnico de Metalurgia;
1.5) Especialização em Técnico de Mecânica;
1.6) Especialização em Técnico de Patologia;
1.7) Especialização em Eletrônica;
1.8) Especialização em Elétrica;

Potencialidades:

Potencialidades = Habilidades, Dons, Especialidades.

1) Esporte

1.1) Especialização em Futebol;
1.2) Especialização em Basquete;
1.3) Especialização em Vôlei;
1.4) Especialização em Handbol;
1.5) Especialização em Futsal;
1.6) Especialização em Futebol de Areia;
1.7) Especialização em Judô;
1.8) Especialização em Jiu Jitsu;
1.9) Especialização em Karatê;
2.0) Especialização em Sumô;
2.1) Especialização em A KI DÔ;
2.2) Especialização em Taekwondo;
2.3) Especialização em Kung Fu;
2.4) Especialização em Natação;
2.5) Especialização em Tênis;
2.6) Especialização em Surf;

2.7) Especialização em Esqui;

2.8) Especialização em Skate;

2.9) Especialização em Tiro;

3.0) Especialização em Arco e Flecha;

3.1) Especialização em Esgrima;

3.2) Especialização em Remo;

3.3) Especialização em Vela;

3.4) Especialização em esporte Automobilístico;

Potencialidades:

Potencialidades = Habilidades, Dons, Especialidades.

1) Potencialidades Parapsíquicas

1.1) Clarividência Comum:

A Conscin possui a capacidade de ver Consciexes, energias e dimensões extrafísicas.

1.2) Clarividência Viajora:

A Conscin possui a capacidade de ver ou perceber fatos que estejam acontecendo em ambientes distantes ou fora de seu alcance normal.

1.3) Clariaudiência:

A Conscin possui a capacidade de escutar vozes, sons e ruídos de Consciexes.

1.4) Simulcognição:

A Conscin adquire a capacidade de estar lúcido integralmente quanto ao momento Multidimensional que vive.

1.5) Retrocognição:

A Conscin lembra de suas ressomas passadas e de suas manifestações durante o Período Intermissivo.

1.6) Retrocognição Psicométrica:

A Conscin adquire a capacidade de acessar as memórias gravadas nos Holopensenes de ambientes ou objetos.

1.7) Hetero-Retrocognição:

A Conscin adquire a capacidade de perceber as vivências anteriores de outras Consciências, acessando a Holomemória delas.

1.8) Precognição:

A Conscin adquire a capacidade de ver ou perceber fatos que acontecerão no futuro.

1.9) Dejaísmo:

É uma percepção parapsíquica que faz a Conscin lembrar de experiências passadas com determinadas pessoas, lugares e objetos.

2.0) Intuição:

É a Sensibilidade energética que permite a Conscin perceber informações ou fatos.

2.1) Psicometria:

A Conscin adquire a capacidade de fazer leituras energéticas ou Holopensênicas de objetos, lugares ou pessoas.

As Consciências do UNIVERSO

2.2) Visão Panorâmica:

A Conscin adquire a capacidade de revisar totalmente a sua atual vida intrafísica.

2.3) Telecinesia:

A Conscin adquire a capacidade de movimentar objetos à distância, sem contato físico seu e de terceiros e sem intervenção direta.

2.4) Tele-Transporte:

É a Projeção de Psicossoma que traciona (puxa) o Soma pelo cordão de prata.

2.5) Bilocação:

É a Projeção lastreada de Ectoplasma (é a energia consciencial produzida e exteriorizada pelas Conscins, que são compostas por resquícios de células e gorduras do Soma).

2.6) Ectoplasmia:

O Ectoplasma é a energia consciencial produzida e exteriorizada pelas Conscins, que são compostas por resquícios de células e gorduras do Soma.

A Ectoplasmia é a técnica de exteriorizar Ectoplasma no ambiente, com o intuito de provocar o surgimento de materializações, desmaterializações, levitação de objetos e realização de curas.

2.7) Poder de Cura:

2.8) Volitação:

Caio Mirabelli

A Conscin adquire a capacidade de voar com o Mental-soma, Psicossoma e o Soma.

2.9) Projeção Consciencial Lúcida:

É a técnica que permite a Consciência sair temporariamente do Soma (Corpo Físico), se manifestando de Psicossoma com Lucidez, possibilitando esta Consciência conhecer novos lugares, ambientes, Consciências e adquirir novas experiências.

3.0) Transformação Parcial ou Total do Soma;

3.1) Regeneração Lúcida e voluntária do Soma e de seus órgãos;

3.2) Leitura de Pensamentos;

3.3) Telepatia;

É a capacidade de se comunicar pelos pensenes sem o uso da voz.

3.4) Capacidade de Manipular o Clima;

3.5) Capacidade de criar e multiplicar objetos ou coisas;

3.6) Capacidade de controlar metais;

Metais (ferro, aço, e etc)

3.7) Capacidade de manipular inúmeras pessoas ao mesmo tempo;

3.8) Capacidade de provocar o desaparecimento de objetos ou coisas;

3.9) Capacidade de destruir vários objetos ou coisas ao mesmo tempo;

4.0) Capacidade de exterminar muitas espécies de seres vivos em pouco tempo;

4.1) Capacidade de ficar invisível (Invisibilidade);

4.2) Capacidade de absorver, mobilizar, manipular, qualquer tipo de energia existente (eletricidade, calor, energias imanentes e energias conscienciais);

4.3) Capacidade de adaptar-se fisicamente a qualquer condição climática;

4.4) Capacidade de criar grandes holopensenes;

4.5) Capacidade de criar dimensões extrafísicas e dimensões intrafísicas;

4.6) Capacidade de criar e manipular o fogo;

4.7) Capacidade de criar e manipular o gelo.

Escala Evolutiva:

1) Energocons Mineral;
2) Energocons Vegetal;
3) Energocons Aquática;
4) Energocons Atmosférica;
5) Energocons Cósmica;
6) Conscin Unicelular;
7) Conscin Insetea;
8) Consciência Animalea;
9) Consciência Humanóide;
10) Consréu Transmigrada;

Caio Mirabelli

11) Consréu Ressomada;
12) Pré-Serenão Vulgar;
13) Isca Consciente;
14) Tenepessista;
15) Projetor Consciente;
16) Epicon Lúcido;
17) Conscienciólogo;
18) Desperto;
19) Semiconsciex;
20) Teleguiado ou Amparador;
21) Evoluciólogo ou Transmentor;
22) Serenão;
23) Consciência Livre.

Explicando os Níveis Evolutivos:

1) Energocons Mineral:

É a energia imanente ou energia consciencial, que se conectou, se desenvolveu e evoluiu se manifestando dentro dos integrantes do reino mineral (rochas, pedras, areias, o solo, a terra) e é responsável pela produção de geoenergias.

Possui um micromentalsoma, e um pequeno cordão energético que liga o elemento mineral ao seu micromentalsoma.

2) Energocons Vegetal:

É a energia imanente ou energia consciencial, que se conectou, se desenvolveu e evoluiu se manifestando dentro dos integrantes do reino vegetal (plantas, flores, árvores) e é responsável pela produção de fitoenergias.

Possui um micromentalsoma e um pequeno cordão energético que liga o elemento vegetal ao seu micromentalsoma.

3) Energocons Aquática:

É a energia imanente ou energia consciencial, que se conectou, se desenvolveu e evoluiu, se manifestando dentro das águas ou em suas várias fontes naturais (mares, oceanos, cachoeiras, lagoas, lagos, cataratas) e é responsável pela produção de Hidroenergias.

Possui um micromentalsoma e um pequeno cordão energético que liga o elemento aquático ao seu micromentalsoma.

4) Energocons Atmosférica:

É a energia imanente ou energia consciencial, que se conectou, se desenvolveu e evoluiu, se manifestando dentro da atmosfera ou em seus vários fenômenos meteorológicos (nuvens, ventos, raios e trovões) e é responsável pela produção de aeroenergias.

Possui um micromentalsoma e um pequeno cordão energético que liga o elemento atmosférico ao seu micromentalsoma.

5) Energocons Cósmica:

É a energia imanente ou energia consciencial, que se conectou, se desenvolveu e evoluiu, se manifestando dentro dos elementos (estrelas, sol, lua, cometas, asteroides e etc) que constituem o cosmos, o espaço sideral, e é responsável pela produção de cosmoenergias.

Possui um micromentalsoma e um pequeno cordão energético que liga o elemento cósmico ao seu micromentalsoma.

6) Conscin Unicelular:

A Conscin Unicelular é a evolução do Energocons que se tornou Consciência, e ressomou nos microorganismos (bactérias, vírus, fungos), ou seja: ressomou em todo ser unicelular e assexuado.

Possui um micromentalsoma, um micropsicossoma, um microenergossoma e um microssoma.

Caio Mirabelli

Vive e se manifesta somente para se alimentar e se reproduzir.

7) Conscin Insetea:

A Conscin Insetea é a evolução da Conscin Unicelular. É a Consciência que ressomou em alguma espécie de inseto (baratas, formigas, abelhas, moscas, mosquito e etc). Possui um micromentalsoma, um micropsicossoma, um microenergossoma e um microssoma.
Vive e se manifesta somente para se alimentar e se reproduzir, e já possui sistemas vitais para o seu soma, como o sistema nervoso, reprodutor, imunológico, endócrino, digestivo, circulatório e respiratório.
Tem muito forte o instinto de sobrevivência e o instinto de reprodução.

8) Conscin Animalea:

A Conscin animalea é a evolução da Conscin insetea. É a Consciência que ressomou em algum animal doméstico, selvagem, terrestre ou aquático.
Possui mentalsoma, psicossoma, energossoma e soma.
Vive e se manifesta para se alimentar e se reproduzir, possui sistemas vitais para o seu soma, como o sistema nervoso, reprodutor, imunológico, endócrino, digestivo, circulatório, urinário, respiratório e muscular.
Possui algumas potencialidades, começa a estimular o discernimento e o pensamento, e tem muito forte o instinto de sobrevivência e o instinto de reprodução.

9) Conscin Humanoide:

A Conscin humanoide é a evolução da Conscin Animalea.
É a Consciência que tem a capacidade de raciocinar, discernir, pensar, refletir, acertar e errar com intenção, desenvolver

a arte, a ciência, a política e a sociedade. Tem desenvolvido o instinto de sobrevivência e o instinto de reprodução.

Também possui a capacidade de perceber e entender os sentidos, as emoções e algumas energias.

Vive para se alimentar, estudar, trabalhar, criar e solucionar conflitos, viajar, pesquisar, se reproduzir, entender, compreender, raciocinar, refletir, manter vínculos sentimentais, profissionais, ideológicos e políticos.

Seu Soma possui sistemas vitais que são o sistema nervoso, imunológico, reprodutor, muscular, urinário, digestivo, endócrino, circulatório e respiratório.

Possui um Mentalsoma, um Psicossoma, um Energossoma e um Soma.

10) Consréu Transmigrada:

É a Consciex patológica que vivia e se manifestava na dimensão Inferno e foi resgatada pelos Amparadores, porque se arrependeu de seus erros, transformou seus Pensenes de forma cosmoética e alterou seu Holopensene Individual positivamente.

Foi transmigrada da dimensão Inferno para a dimensão Paraíso para ser assistida, cuidada, e terá a oportunidade de desenvolver sua evolução consciencial.

Possui as mesmas características da Conscin Humanoide.

11) Consréu Ressomada:

É a Consréu transmigrada que ressomou depois de ser atendida, cuidada e assistida pelos Amparadores durante o período intermissivo no Paraíso.

12) Pré-Serenão Vulgar:

É uma Consciência que tem as mesmas características da Conscin Humanoide, e tem conhecimento teórico sobre a multidimensionalidade (múltiplas dimensões), multiexistencialidade (múltiplas

Caio Mirabelli

existências / várias ressomas), holossomática (veículos de manifestação / corpos da Consciência), cosmoética (ética cósmica), possui algumas potencialidades e tem 10% do nível evolutivo do Serenão.

13) Isca Consciente:

É uma Consciência que tem as mesmas características do Pré-Serenão Vulgar e que possui maturidade, lucidez, discernimento, raciocínio lógico, possui potencialidades intelectuais, potencialidades manuais, potencialidades técnicas, potencialidades parapsíquicas (clarividência e clariaudiência), e tem 20% do nível evolutivo do Serenão.

14) Tenepessista:

É uma Consciência que possui maturidade, lucidez, discernimento, raciocínio lógico, possui potencialidades intelectuais, potencialidades manuais, potencialidades técnicas, potencialidades parapsíquicas (clarividência, clariaudiência, clarividência viajora, intuição, retrocognição e precognição), é especializado na prática da tenepes, e na prática das assistências Tacon e Tares e tem 25% do nível evolutivo do Serenão.

Observação:

Tenepes (tarefa energética pessoal) é a transmissão de e-nergias conscienciais assistenciais individuais, programada com horário diário do ser humano, auxiliado por amparadores extrafísicos diretamente para consciências extrafísicas (desencarnados, espíritos) carentes ou doentes, intangíveis e invisíveis à visão humana comum, indivíduos projetados, ou não, também carentes ou doentes e conscins patológicas, próximas ou distantes.

A Tenepes é religiosamente conhecida como passes no escuro.

15) Projetor Consciente:

86 – Drago Editorial

As Consciências do UNIVERSO

É uma Consciência que possui maturidade, lucidez, discernimento, raciocínio lógico, possui potencialidades intelectuais, potencialidades manuais, potencialidades técnicas, potencialidades parapsíquicas (clarividência, clariaudiência, clarividência viajora, intuição, retrocognição, precognição e auto-domínio energético), é especializado na prática da tenepes, na prática das assistências Tacon e Tares e na prática da projeção consciencial e tem 30% do nível evolutivo do Serenão.

16) Epicon Lúcido:

É uma Consciência que possui maturidade, lucidez, discernimento, raciocínio lógico, possui potencialidades intelectuais, potencialidades manuais, potencialidades técnicas, potencialidades parapsíquicas (clarividência, clariaudiência, clarividência viajora, intuição, retrocognição, precognição, auto-domínio energético, e simulcognição), é especializado na prática da tenepes, na prática das assistências Tacon e Tares e na prática da projeção consciencial e tem 35% do nível evolutivo do Serenão.

17) Conscienciólogo:

É uma Consciência que possui maturidade, lucidez, discernimento, raciocínio lógico, possui potencialidades intelectuais, potencialidades manuais, potencialidades técnicas, potencialidades parapsíquicas (clarividência, clariaudiência, clarividência viajora, intuição, retrocognição, precognição, auto-domínio energético, simulcognição e Dejaísmo), é especializado na prática da tenepes, na prática das assistências Tacon e Tares e na prática da projeção consciencial e tem 40% do nível evolutivo do Serenão.

18) Desperto:

É uma Consciência que possui maturidade, lucidez, discernimento, raciocínio lógico, possui potencialidades intelectuais, potencialidades manuais, potencialidades técnicas, potencialidades parapsíquicas (clarividência, clariaudiência, clarividência viajora,

Caio Mirabelli

intuição, retrocognição, precognição, auto- domínio energético, simulcognição, Dejaísmo, retrocognição psicométrica, hetero retrocognição e domínio do estado vibracional), é especializado na prática da tenepes, na prática das assistências Tacon e Tares e na prática da projeção consciencial e tem 50% do nível evolutivo do Serenão.

19) Semiconsciex:

É uma Consciência que possui maturidade, lucidez, discernimento, raciocínio lógico, possui potencialidades intelectuais, potencialidades manuais, potencialidades técnicas, potencialidades parapsíquicas (clarividência, clariaudiência, clarividência viajora, intuição, retrocognição, precognição, auto-domínio energético, simulcognição, Dejaísmo, retrocognição psicométrica, hetero retrocognição, domínio do estado vibracional, domínio da ectoplasmia, e psicometria), é especializado na prática da tenepes, na prática das assistências Tacon e Tares na prática da projeção consciencial e na prática do desassédio e tem 60% do nível evolutivo do Serenão.

20) Teleguiado ou Amparador:

É uma Consciência que possui maturidade, lucidez, discernimento, raciocínio lógico, autodomínio emocional, mansidão, alto nível de desobsessão, possui potencialidades intelectuais, potencialidades manuais, potencialidades técnicas, potencialidades parapsíquicas (clarividência, clariaudiência, clarividência viajora, intuição, retrocognição, precognição, auto-domínio energético, simulcognição, Dejaísmo, retrocognição psicométrica, hetero retrocognição, domínio do estado vibracional, domínio da ectoplasmia, psicometria, visão panorâmica, tele-transporte, bilocação, leitura de pensamentos, telepatia, capacidade de criar e multiplicar objetos ou coisas, capacidade de destruir vários objetos ou coisas ao mesmo tempo, capacidade de criar e manipular o fogo, e capacidade de criar e manipular o gelo), possui o Dom de Cura, é especializado na prática da tenepes, na prática das assistências Tacon e Tares, na prática da projeção consciencial, na prática do desassédio e possui alta conexão energética com o Universo e tem 65% do nível evolutivo do Serenão.

São Consciências evoluídas, benignas, cosmoéticas e assistenciais que acompanham as Conscins (Consciências intrafísicas) e tem como objetivo proteger, assistir, auxiliar, zelar pelo nosso bem-estar e lembrar as Conscins sobre a missão delas que precisam ser cumpridas nesta ressoma (reencarnação).

21) Evoluciólogo ou Transmentor:

É uma Consciência que possui maturidade, lucidez, discernimento, raciocínio lógico, autodomínio emocional, mansidão, alto nível de desobsessão, possui potencialidades intelectuais, potencialidades manuais, potencialidades técnicas, potencialidades parapsíquicas (clarividência, clariaudiência, clarividência viajora, intuição, retrocognição, precognição, auto-domínio energético, simulcognição, Dejaísmo, retrocognição psicométrica, hetero retrocognição, domínio do estado vibracional, domínio da ectoplasmia, psicometria, visão panorâmica, tele-transporte, bilocação, telepatia, leitura de pensamentos, capacidade de criar e manipular o fogo, capacidade de criar e manipular o gelo, capacidade de destruir vários objetos ou coisas ao mesmo tempo, capacidade de criar e multiplicar objetos ou coisas e capacidade de ficar invisível), possui o Dom de Cura, é especializado na prática da tenepes, na prática das assistências Tacon e Tares, na prática da projeção consciencial. na prática do desassédio e possui alta conexão energética com o Universo e tem 75% do nível evolutivo do Serenão.

Os evoluciólogos são Consciências evoluídas, benignas, assistenciais, cosmoéticas que possuem três funções:

A) Fazer o resgate e assistir as Consciexes patológicas que estão no Inferno;

B) Criar as Orgaéxis (organização existencial, programação existencial, missão de vida) das Consciexes que ressomarão e deverão cumprir essa Orgaéxis na próxima ressoma (reencarnação);

Caio Mirabelli

C) Assistir, orientar e proteger as Conscins que são evoluídas e possuem uma complexa orgaéxis;

22) Serenão (Homo Sapiens Sereníssimus):

É uma Consciência que possui maturidade, lucidez, discernimento, raciocínio lógico, autodomínio emocional, mansidão, alto nível de desobsessão, possui potencialidades intelectuais, potencialidades manuais, potencialidades técnicas, potencialidades parapsíquicas (clarividência, clariaudiência, clarividência viajora, intuição, retrocognição, precognição, auto-domínio energético, simulcognição, Dejaísmo, retrocognição psicométrica, hetero retrocognição, domínio do estado vibracional, domínio da ectoplasmia, psicometria, visão panorâmica, tele-transporte, bilocação, capacidade de transformar e regenerar o soma, telepatia, leitura de pensamentos, capacidade de criar e manipular o fogo, capacidade de criar e manipular o gelo, capacidade de manipular o clima, capacidade de criar e multiplicar objetos ou coisas, capacidade de controlar metais, capacidade de manipular inúmeras Consciências, capacidade de destruir vários objetos ou coisas ao mesmo tempo, capacidade de absorver, mobilizar e manipular qualquer tipo de energias existentes, e capacidade de ficar invisível), possui o Dom de Cura, é especializado na prática da tenepes, na prática das assistências Tacon e Tares, na prática da projeção consciencial, na prática do desassédio e possui alta conexão energética com o Universo.

O Serenão é uma Consciência altamente evoluída que possui grande equilíbrio emocional, mansidão, maturidade, discernimento, lucidez, inúmeras potencialidades anímicas e potencialidades parapsíquicas, cosmoética, completo controle do mentalsoma, Psicossoma e quando está ressomado, também controla totalmente o Energossoma e o Soma.

Com relação ao Soma, tem completo controle de todos os organismos e também dos sistemas: respiratório, circulatório, digestivo, endócrino, urinário, imunológico, nervoso, muscular e reprodutor, além de controlar também o cerebelo e o próprio metabolismo.

As Consciências do UNIVERSO

A Conscin Serenão tem todo o Holochacra desenvolvido, são especializados na prática da Tacon (Tarefa da Consolação) e da Tares (Tarefa do Esclarecimento), dominam energia com facilidade, são totalmente desassediados, ou seja: não sofrem influências dos Assediadores, e possuem a capacidade de sentir e interpretar o holopensene de ambientes e consciências.

Os Serenões são muito mais evoluídos do que a média da população do planeta e possuem a capacidade de absorver, mobilizar e exteriorizar muitas energias para todo o planeta. Os Serenões são responsáveis pela existência e manutenção de muitas dimensões extrafísicas.

Os Serenões amparam energeticamente muitas Consciências intrafísicas e extrafísicas, favorecendo a intensificação e o desenvolvimento da evolução consciencial delas.

Todo Serenão é altamente intelectual, especialista nas ciências exatas (matemática, física, química e etc) e nas ciências humanas (história, geografia, antropologia, filosofia e etc), possui grande benevolência, conhece profundamente a medicina, a psicologia, a psiquiatria.

São os responsáveis pela manutenção da paz e da ordem em vários países, e trabalham energeticamente com várias personalidades cosmoéticas, do mundo político, científico, esportivo, artístico, educacional, empresarial e humanitário. Os Serenões administram e assistem os continentes do Planeta Terra.

No Extrafísico, os Serenões trabalham com os evoluciólogos, e os Amparadores, supervisionando o trabalho deles.

O Objetivo dos Serenões é prestar assistência de forma mais ampla e irrestrita a todas as Consciências, incluindo o resgate e retirada das Consciências patológicas do inferno e encaminhando-as para as dimensões extrafísicas cosmoéticas. Os Serenões também praticam assistência com grupos específicos de Consciências em conformidade com objetivos evolutivos e assistenciais.

23) Consciência Livre ou Consciex Livre:

É uma Consciência que possui maturidade, lucidez, discernimento, raciocínio lógico, autodomínio emocional, mansidão, alto nível de desobsessão, possui potencialidades intelectuais,

Caio Mirabelli

potencialidades manuais, potencialidades técnicas, potencialidades parapsíquicas (clarividência, clariaudiência, clarividência viajora, intuição, retrocognição, precognição, auto-domínio energético, simulcognição, Dejaísmo, retrocognição psicométrica, hetero retrocognição, domínio do estado vibracional, domínio da ectoplasmia, psicometria, visão panorâmica, tele-transporte, bilocação, capacidade de transformar e regenerar o soma, telepatia, leitura de pensamentos, capacidade de criar e manipular o fogo, capacidade de criar e manipular o gelo, capacidade de manipular o clima, capacidade de criar e multiplicar objetos ou coisas, capacidade de controlar metais, capacidade de manipular inúmeras Consciências, capacidade de destruir vários objetos ou coisas ao mesmo tempo, capacidade de absorver, mobilizar e manipular qualquer tipo de energias existentes, e capacidade de ficar invisível), possui o Dom de Cura, é especializado na prática da tenepes, na prática das assistências Tacon e Tares, na prática da projeção consciencial, na prática do desassédio e possui alta conexão energética com o Universo.

Perguntas:

1) Na Dimensão Extrafísica Inferno onde estaria localizado na escala evolutiva o Mega Assediador Tipo 1?

Resp: Na escala evolutiva o Mega Assediador Tipo 1 é comparado ao Teleguiado ou Amparador, porque possui o mesmo nível evolutivo desta Consciência, e o que difere ambos é a Cosmoética.

2) Na Dimensão Extrafísica Inferno, onde estaria localizado na escala evolutiva o Mega Assediador Tipo 2?

Resp: Na escala evolutiva o Mega Assediador Tipo 2 é comparado ao Evoluciólogo ou Transmentor, porque possui o mesmo nível evolutivo desta Consciência, e o que difere ambos é a Cosmoética.

3) Na Dimensão Extrafísica Inferno onde estaria localizado na escala evolutiva o Mega Assediador Tipo 3?

As Consciências do UNIVERSO

Resp: Na escala evolutiva o Mega Assediador Tipo 3 é comparado ao Serenão ou Homo Sapiens Sereníssimus, porque possui o mesmo nível evolutivo desta Consciência, e o que difere ambos é a Cosmoética.

4) Na Dimensão Extrafísica Inferno onde estaria localizado na escala evolutiva o Mega Assediador Livre?

Resp: Na escala evolutiva o Mega Assediador Livre é comparado a Consciência Livre, porque possui o mesmo nível evolutivo desta Consciência, e o que difere ambos é a Cosmoética.

O Universo:

O Universo é uma força inteligente que se desenvolve e é administrada por Deus e pelas Consciências Mega evoluídas e avançadas, que regem as dimensões intrafísicas e dimensões extrafísicas.

O Universo engloba astros, planetas, estrelas, satélites naturais, asteroides, cometas, sistema solar, galáxias e outros corpos cósmicos.

O Universo é administrado e utilizado por Deus e pelas Consciências Mega evoluídas e avançadas para se manter o equilíbrio, patrocinar o desenvolvimento e transformação da natureza, das dimensões e das Consciências.

O Universo assiste e desenvolve a evolução consciencial das Consciências fornecendo energias imanentes e Dons.

Todas as energias imanentes produzidas e exteriorizadas pela natureza são patrocinadas e impulsionadas pela regência do Universo.

Os Dons que o Universo fornece e doa para as Consciências são as personalidades originárias dos Signos.

Cada Signo possui uma personalidade que contém trafores e trafares.

Caio Mirabelli

As Consciências e o Universo:

A Consciência é uma personalidade que possui trafores (traços fortes / qualidades e potencialidades) e trafares (traços fardos / defeitos), adquiridos e desenvolvidos ao longo de suas sucessivas manifestações nas dimensões extrafísicas e intrafísicas. Durante o período intermissivo, a Consciex se prepara para ressomar na dimensão intrafísica. Após a finalização do processo de ressoma, a Consciência fica no útero da genitora, no seu novo soma, aguardando o prazo de nove meses para renascer.

Ao renascer numa determinada data, esta recém Conscin absorve o magnetismo do Signo correspondente à data que a mesma renasceu.

O Signo exterioriza todos os seus Dons pelo magnetismo cósmico (energia dos signos onde se exterioriza sua personalidade).

Os Dons produzidos e exteriorizados pelos Signos possuem qualidades, potencialidades e defeitos.

Dons dos Signos = Personalidades de cada Signo.

Então conclui-se que ao ressomar, a Conscin absorve uma nova personalidade cedida pelo seu signo para somar com sua própria personalidade construída no seu processo evolutivo.

Cabe as Conscins desenvolverem esses trafores e diminuir ou revogar os trafares oferecidos pela personalidade emprestada pelo seu Signo, caso queiram desenvolver sua evolução consciencial.

Exemplos dos tipos de personalidades que cada Conscin recebe do seu Signo ao renascer (ressomar) na dimensão intrafísica:

1) Capricórnio (22/12-20/01):

Trafores (Traços Fortes, Qualidades e Potencialidades)

Responsável, bem sucedido, ambicioso, trabalhador, exigente consigo e com os outros.

As Consciências do UNIVERSO

Trafares (Traços Fardos, Defeitos)

Crítico, autoritário, rígido, pessimista, aproveitador, avarento e excessivamente ambicioso, e tem sentido tirânico muito desenvolvido.

2) Aquário (21/01-19/02):

Trafores (Traços Fortes, Qualidades e Potencialidades)

Original, inventivo, progressista, reformador, consciente do coletivo, é altruísta e possui uma grande capacidade para ajudar os que a ele recorrem.

Trafares (Traços Fardos, Defeitos)

Rebelde, frio, inconveniente, revolucionário, cria problemas com facilidade sem olhar as consequências.

3) Peixes (20/02-20/03):

Trafores (Traços Fortes, Qualidades e Potencialidades)

Habilidoso, idealista, muito espiritual, sensível, generoso, compassivo, mediúnico, romântico e sonhador.

Trafares (Traços Fardos, Defeitos)

Medroso, irrealista, instável, dependente, depressivo, tem tendência para atirar para os outros os seus próprios problemas.

4) Áries (21/03-20/04):

Trafores (Traços Fortes, Qualidades e Potencialidades)

Dinâmico, idealista, independente, empreendedor, está sempre disposto, faz tudo com determinação e entusiasmo.

Caio Mirabelli

Trafares (Traços Fardos, Defeitos)

Apressado, egoísta, impulsivo, precipita-se ao tomar decisões, sua paciência esgota-se rapidamente.

5) Touro (21/04-21/05):

Trafores (Traços Fortes, Qualidades e Potencialidades)

Realista, possui senso prático, tem capacidade de organização em todos os setores da vida, tem garra e persistência para concretizar todos os seus objetivos.

Trafares (Traços Fardos, Defeitos)

Possessivo, ciumento, tem muito medo de perder as pessoas que gosta, ganancioso por dinheiro, cultiva preconceitos.

6) Gêmeos (22/05-21/06):

Trafores (Traços Fortes, Qualidades e Potencialidades)

Comunicativo, interessante, flexível, engenhoso, inteligente, dotado de grande poder criativo e grande curiosidade.

Trafares (Traços Fardos, Defeitos)

Dispersivo, superficial, inconstante, tagarela, manipulador e dotado de uma insegurança que oscila entre a fraqueza e o medo do insucesso.

7) Câncer (21/06-23/07):

Trafores (Traços Fortes, Qualidades e Potencialidades)

Cuidadoso, afetuoso, protetor, sensível, receptivo, romântico, grande sentido de compreensão e tolerância.

As Consciências do UNIVERSO

Trafares (Traços Fardos, Defeitos)

Dependente, melancólico, retrógrado, medroso, emocionalmente instável chegando a refletir no sistema nervoso.

8) Leão (24/07-23/08):

Trafores (Traços Fortes, Qualidades e Potencialidades)

Criativo, generoso, decidido, expressivo, afetivo, apaixonado, vigoroso, altivo e dotado na maioria das vezes de grandes dotes artísticos, possui forte liderança.

Trafares (Traços Fardos, Defeitos)

Viciado em sexo, presunçoso, exagerado, exigente, dramático, vaidoso, egocêntrico e assumindo algumas vezes impulsos tirânicos.

9) Virgem (24/08-23/09):

Trafores (Traços Fortes, Qualidades e Potencialidades)

Criterioso, eficiente, organizado, detalhado, metódico, exigente consigo próprio, analítico e grande sentido prático.

Trafares (Traços Fardos, Defeitos)

Queixoso, perfeccionista, puritano, preocupado com pormenores sem importância e hipocondríaco.

10) Libra (24/09-23/10):

Trafores (Traços Fortes, Qualidades e Potencialidades)

Cooperante, equilibrado, artístico, diplomático, interessado, sociável, muito comunicativo e não rejeita uma reunião de amigos.

Caio Mirabelli

Trafares (Traços Fardos, Defeitos)

Manipulador, indeciso, facilmente influenciável pelos outros, é normalmente superficial e passa ao lado de situações importantes.

11) Escorpião (24/10-22/11):

Trafores (Traços Fortes, Qualidades e Potencialidades)

Persistente, poderoso, perceptivo, transformador, passional, gosta de levar as suas tarefas até o fim, e não costuma abdicar dos seus princípios éticos.

Trafares (Traços Fardos, Defeitos)

Possessivo, dominador, desconfiado, vingativo, destrutivo, grande dificuldade em perdoar e nunca esquecendo o que lhes fazem de mal.

12) Sagitário (23/11-21/12):

Trafores (Traços Fortes, Qualidades e Potencialidades)

Expansivo, otimista, visionário, honesto, filósofo, sincero, respeitador, aventureiro, muito comunicativo e alegre.

Trafares (Traços Fardos, Defeitos)

Excessivo, fanático, desonesto, grosseiro, irresponsável, não aceita os limites e chega a tomar atitudes muito desagradáveis.

Observações:

A Cada ressoma a Conscin recebe a personalidade que o seu signo lhe fornece e o adiciona à sua própria personalidade natural.

As Consciências do UNIVERSO

Quando a Consciência dessoma, ela além de descartar o Soma e o Energossoma, também descarta a personalidade que o seu Signo lhe deu durante sua passagem na dimensão intrafísica e utiliza somente a sua personalidade natural. Mas algumas qualidades, potencialidades e defeitos emprestados pelo seu Signo, podem ficar enraizados em seu Mentalsoma, mesmo se esta Consciência estiver no extrafísico.

O Universo conspira sempre a favor das Consciências e as assiste no seu desenvolvimento evolutivo, doando e-nergias imanentes e Dons (Personalidades) para cada Conscin aplicar na sua evolução consciencial.

Perguntas:

1) Por que os Signos fornecem Trafores?

Resp: Porque as qualidades e potencialidades que fazem parte dos Trafores emprestados pelos Signos se bem utilizadas pela Consciência, aceleram e desenvolvem a sua evolução consciencial.

2) Por que os Signos fornecem Trafares?

Resp: Porque os defeitos que fazem parte dos Trafares emprestados pelos Signos, obrigam a Consciência a sair da zona de conforto para consertá-los, e se esta mesma Consciência não quiser consertá-lo, terá sérias dificuldades de evoluir consciencialmente.

Quando esses Trafares (Defeitos) são consertados, a Consciência acelera e desenvolve a sua evolução consciencial.

3) O que é o Universo?

Resp: é uma força inteligente que se desenvolve e é administrada por Deus e pelas Consciências Mega evoluídas e avançadas, que regem as dimensões intrafísicas e extrafísicas.

4) O Universo evolui consciencialmente?

Resp: Não. Porque o Universo não é Consciência, mesmo trabalhando e ajudando as Consciências, o Universo é apenas uma força inteligente que se desenvolve, ou seja: cada vez mais está forte a sua regência e mais rápido está as suas atuações nas dimensões.

Técnicas Energéticas:

1) Como Abrir o Frontochacra (Terceiro Olho)

Duas Técnicas: Faça Diariamente ambas

1.1) Sente-se em algum lugar relaxado e feche os olhos, imagine uma luz branca surgindo bem no meio da testa e expandido entre as sobrancelhas, tente se concentrar nessa luz branca que está entre as suas sobrancelhas por dez minutos.

Não se desconcentre e concentre-se apenas nessa luz branca, e agora imagine essa luz branca se expandindo ainda mais, ou seja: crescendo.

Cresça a luz o máximo que puder e quiser, e comece a sentir o seu Frontochacra latejar.

Quando se passar os dez minutos, diminua o tamanho da luz branca e encerre a técnica.

1.2) Sente-se em algum lugar relaxado e feche os olhos, imagine uma luz branca surgindo bem no meio da testa e expandido entre as sobrancelhas, imagine a cor dessa luz ficando azul, tente se concentrar nessa luz azul nas suas sobrancelhas por dez minutos.

Não se desconcentre e concentre-se apenas nessa luz azul. De dois em dois minutos passe o dedo indicador entre as sobrancelhas, pois isso irar ajudar a abrir e latejar o Frontochacra.

2) Como Ativar, Desbloquear, Alinhar e Desenvolver o Holochacra.

2.1) Permaneça com o corpo deitado ou em pé de forma reta, imagine uma luz verde redonda acima da cabeça brilhando no Coronochacra.

Faça essa luz verde percorrer da cabeça até os pés e quando chegar aos pés, essa luz verde redonda percorre todo o corpo de volta para a cabeça.

Essa técnica energética deve ser realizada durante 30 minutos, todo dia.

Caio Mirabelli

DEDICATÓRIA:

Dedico este livro para meu primo JR Mirabelli por ter aberto as portas do site Surf Today para minha publicações conscienciológicas serem espalhadas entre os atletas e simpatizantes dos esportes;

Dedico este livro para meu amigo Joel de Oliveira em agradecimento por sua grandiosa amizade que é uma das responsáveis pelo desenvolvimento de minha evolução consciencial;

Dedico este livro para a minha amada amiga Numeróloga Elitz Janjacomo, por me ajudar a especializar nas outras vertentes da metafísica e da espiritualidade;

Dedico este livro para meu fiel escudeiro Sergio Vieira de Paula, pela sua grande Lealdade e Generosidade comigo.

Caio Mirabelli

As Consciências do UNIVERSO

Caio Mirabelli

www.ingramcontent.com/pod-product-compliance
Lightning Source LLC
Chambersburg PA
CBHW071815020426
42331CB00007B/1491